李清照传

中华文人经典传记

【插图珍藏版】

杨雨 著

长江文艺出版社

目录

总序 \ 〇〇一

自序 \ 〇〇六

上篇 李清照传

第一章 云鬓斜簪，徒要教郎比并看——美女李清照 \ 〇〇三

第二章 自是花中第一流——「赌神」李清照 \ 〇一二

第三章 笑语檀郎：「今夜纱厨枕簟凉」——风流李清照 \ 〇二二

第四章 浓睡不消残酒——「酒仙」李清照 \ 〇三三

第五章 绣面芙蓉一笑开——赵明诚求婚 \ 〇四二

第六章 学诗谩有惊人句——慧眼识珠 \ 〇五一

第七章 云中谁寄锦书来——一种相思 \ 〇六一

第八章 莫道不销魂——妇唱夫随 \ 〇七一

第九章 柔肠一寸愁千缕——党争之祸 \ 〇八一

第十章 良窗淡月，疏影尚风流——因祸得福 \ 〇九〇

第十一章　从今又添，一段新愁——新欢旧怨 / 〇九九

第十二章　赢得满衣清泪——平地风雷 / 一〇九

第十三章　空梦长安，认取长安道——靖康之难 / 一一七

第十四章　吹箫人去玉楼空——丈夫去世 / 一二五

第十五章　物是人非事事休——再嫁风波 / 一三九

下篇　李清照词全集注释点评

南歌子（天上星河转）/ 一五一

转调满庭芳（芳草池塘）/ 一五二

渔家傲·记梦（天接云涛连晓雾）/ 一五四

如梦令（常记溪亭日暮）/ 一六〇

如梦令（昨夜雨疏风骤）/ 一六一

多丽·咏白菊（小楼寒）/ 一六二

菩萨蛮（风柔日薄春犹早）/ 一六五

菩萨蛮（归鸿声断残云碧）／一六六

浣溪沙（淡荡春光寒食天）／一七〇

浣溪沙（小院闲窗春色深）／一六九

浣溪沙（莫许杯深琥珀浓）／一六七

凤凰台上忆吹箫（香冷金猊）／一七一

一剪梅（红藕香残玉簟秋）／一七三

蝶恋花·晚止昌乐馆寄姊妹（泪湿罗衣脂粉满）／一七五

蝶恋花（暖日晴风初破冻）／一七六

鹧鸪天（寒日萧萧上锁窗）／一七七

小重山（春到长门春草青）／一七八

怨王孙（湖上风来波浩渺）／一八〇

临江仙（庭院深深深几许）／一八〇

醉花阴（薄雾浓云愁永昼）／一八一

好事近（风定落花深）／一八二

诉衷情（夜来沉醉卸妆迟）／一八四

行香子·七夕（草际鸣蛩）／一八五

孤雁儿（藤床纸帐朝眠起）／一八六

满庭芳·小阁藏春（小阁藏春）／一八八

玉楼春·红梅（红酥肯放琼苞碎）／一八九

渔家傲（雪里已知春信至）／一九〇

清平乐（年年雪里）／一九一

鹧鸪天（暗淡轻黄体性柔）／一九二

添字采桑子（窗前谁种芭蕉树）／一九三

忆秦娥（临高阁）／一九四

念奴娇·春情（萧条庭院）／一九六

永遇乐·元宵（落日熔金）／一九七

长寿乐·南昌生日（微寒应候）／一九九

蝶恋花·上巳召亲族（永夜恹恹欢意少）／二〇一

武陵春（风住尘香花已尽）／二〇三

声声慢（寻寻觅觅）／二〇四

点绛唇（寂寞深闺）／二〇六

减字木兰花（卖花担上）／二〇七

摊破浣溪沙（揉破黄金万点轻）／二〇八

摊破浣溪沙（病起萧萧两鬓华）／二〇九

瑞鹧鸪·双银杏（风韵雍容未甚都）／二一〇

庆清朝慢（禁幄低张）／二一一

怨王孙（梦断漏悄）／二一三

怨王孙（帝里春晚）／二一三

生查子（年年玉镜台）／二一四

丑奴儿（晚来一阵风兼雨）／二一五

点绛唇（蹴罢秋千）／二一六

浪淘沙（帘外五更风）／二一七

临江仙·梅（庭院深深深几许）／二一九

殢人娇·后庭梅花开有感（玉瘦香浓）／二二〇

青玉案（征鞍不见邯郸路）／二二〇

浣溪沙（髻子伤春慵更梳）／二二二

浣溪沙（绣面芙蓉一笑开）／二二三

浪淘沙（素约小腰身）／二二四

鹧鸪天（枝上流莺和泪闻）／二二五

青玉案（一年春事都来几）／二二六

木兰花令（沉水香消人悄悄）／二二七

浣溪沙（楼上晴天碧四垂）／二二七

品令（零落残红）／二二八

新荷叶（薄露初零）／二二八

附录：李清照生平大事简表／二二九

此情无计可消除——谨以一篇旧文代后记／二三四

三版补记／二三六

总　序

　　大约是两三个月前，我在邮箱中收到杨雨君的电邮，告知她关于屈原、李清照、陆游、纳兰性德的四部著作要汇成四人的诗传，在长江文艺出版社集中推出。此前各书均有序，或自序，或他序，四书此次汇集重刊，她又逐一修订一过，但尚缺一篇总序，她希望这篇总序由我来执笔，以冠群书。

　　我觉得这个任务有点重，但一时也找不到推辞的理由。

　　蒙杨雨君不弃，她的这四种著作此前都曾寄赠给我，我也大致浏览过。我平时读高头讲章式的学术著作居多，难免有如王国维读德国哲学而生"可爱者不可信，可信者不可爱"之感，很少能感受到通透思想与灵性语言的完美结合者。读杨雨君的著作，则时时感受到她出入学术之中，在历史与现实、文学与情感之间的自如穿梭与适度渗透。

　　我知道要将笔下的文字达到这样的境界，既需要有沉潜的读书功夫，用锐利之眼看出问题；又需要有足够的才情悟性，用灵性之语表述其思。王国维在《人间词话》中说大诗人对宇宙人生要入乎其内，以见生气；出乎其外，以见高致。读书境界与创作境界稍有不同，应该是沉入书中，触摸高致；走出书外，再现生气。杨雨君的这四种著作，我认为就有着这样的特点，她有细读文本的功夫作为底子，又有绵邈细致的情感引领其思，所以她对诗人诗作的解读往往呈现出迥异他人的地方，我也常常为她的才情和胆略所折服。

清代的周济说好的填词大约都有"把缆放船"的特点。因为缆绳在手，所以主题不至流宕无归；因为适度放船，所以想象的空间因此展衍空阔。读书作文的比喻虽多，我总觉得不如周济此四字来得形象贴切。两脚书橱的读书人，就是因为缆绳系得太紧，把人也读得局促不安，所以了无生气；而凌空飞舞的文章家，就是因为撤了缆绳，无根而去，所以底蕴也失。前者失在过实，后者失在过虚。很显然，虚实结合，才是读书作文的王道所在。我觉得杨雨君就是一个谙熟并践行这种王道的人。

屈原、李清照、陆游、纳兰这四个人都是文学史上的热点人物，他们在一定程度上也分别是中国古代文学的成型、高峰以及尾声时期的代表，他们的作品影响了一代又一代的读书人。屈原是早期中国文学一面高高飘扬的旗子，他的清明思想、炽热情感以及惊采绝艳的文学想象，展现了中国文学的迷人芳华，其香草美人、比兴寄托的创作方式也成为后来文学家争相仿效的一种典范。李清照、陆游生当两宋时期，用陈寅恪的话来说，两宋是中国文化的极致时代，他们的文学是鼎盛时期中国文学的重要代表，可以从不同的性别映照出文学的不同风格。李清照以鲜明的主体意识创造了女性文学的高峰，她既细致描写了女性"才下眉头，却上心头"的柔婉之思，也有"至今思项羽，不肯过江东"的豪爽之情，在李清照身上，糅合了女性之思与时代之气，若只是停留在女性之思的阶段，李清照也就是一个不错的女性词人而已；而熔铸了时代之气的李清照，才会成为一个时代的标识。纳兰性德作为清初贵介公子，他融合满汉两种文化的原质，神奇地展现诗词活泼、自然而深情的本来面目，这是一种审美的回旋，让文学抽离出"作态"的窠臼，再度变得如此可亲，直抵心灵，散发着文学浓郁的原色魅力和大家气象。王国维曾说："社会上之习惯，杀许多之善人；文学上之习惯，杀许多之天才。"纳兰就是一个未被文学上之习惯"杀"掉的天才之一。我忽然觉得杨雨君精选这四个诗人，真是别具眼光的。她从风雅寝声之后异峰突起的屈原开笔，梳理屈原坎坷的人生命运，用对其诗歌的深度解读来展现其美政理想以及其独特的人格精神，中间用宋代一男一女两位顶尖诗词高手来彰显高峰文学的灼灼光华，再用纳兰性德来煞尾，以其纯任自然的白描和慷慨淋漓的悲情展现文学的最初一念之本心。前后彼此连缀，既堪称是一部极简的点式诗歌史，也展现了文学发展的顺流与回流等不同的情形。

诗人这个群体与一般人的不同，在于他是用情感说话的。哲学家要从地面升腾、超越具体的情感去驰骋玄思，历史学家要等情感冷却后再娓娓而谈，唯有文学家是借着温热的情感来敞开心扉。其实文学就是一种带着温度的历史，也是哲学家凌空而起的基点。换言之，加热后的历史与落地后的哲学都能无限地接近文学。热的文学与冷的哲学、历史，他们只是在情感的阶段性和表现形态方面存在着差异，一旦拂去差异，回归本真，真是等无二致的。诗歌在中国文化中的特殊性，在这种比较之中清晰地显现出来。

诗人眼光所及与一般人眼中所见，在很多时候并没有什么区别。但外在景象对诗人的影响却远在一般人之上，诗人从景物中唤醒沉睡的情感，又将这种情感投射到景物之上，再用生花妙笔表达这种情景的往还，就生成了诗歌。在这种往还的过程中，情感始终主宰着诗人的灵魂。无论是李白的"相看两不厌，只有敬亭山"，还是李清照的"只恐双溪舴艋舟，载不动许多愁"，还是辛弃疾的"我见青山多妩媚，料青山见我应如是"，诗人与外物的情感交流，敏锐而生动。这使我再度想起黄庭坚的一段话："天下清景，初不择贵贱贤愚而与之。然吾特疑端为我辈设。""端为我辈设"，这是诗歌史上的事实，也是诗人应有的自信。因为天下情景虽然能涤荡众生，但那不过如风过耳而已。而对于诗人则是"登山则情满于山，观海则意溢于海"，所焕发的情感力度是一般人无法比拟的，所以诗人不仅能把风景在笔下铸造成永恒、供后人联翩遐想，也能将渗透在风景之中的情感垂之久远、感染百世，这就是诗人的伟大和不可替代之处。

我之所以用了如许笔墨来说诗人与情感关系的话题，是因为杨雨君所选择的这四位诗人恰恰可以归属为四种不同的情感类型：屈原是盘旋郁结而炽热的；李清照是婉转多思而细腻的；陆游是慷慨悲凉而执着的，纳兰是多情凄苦而低徊的。这意味着要走进这四个诗人的内心，需要解析者以同样的感情去体会去参透，才能将诗人的真实面目以及诗歌的底蕴重现在读者眼前。读罢杨雨君的"四书"，她固然用了种种专业手法去厘清本末、昭示源流，而她在字里行间流露出来的个人情怀，也时时令我动容。冷峻的专业解析，稍加训练可得；有温度的情感体验，则非具灵性妙悟而难成。我觉得杨雨君在这四书之中，身份切换自如，有时好像直接置身于屈原上天入地的想象之中；有时与李清照如闺阁对谈，音容笑貌，亲切可闻；有时与陆游一起感受着南宋阴晴不定的政治氛围；有时又似乎感叹着纳兰"人生若只如初见"的淡淡哀思。有这样设身处地的情感体验，使得杨雨君的大著中呈现出鲜明的个性色彩，杨雨君将她的个人之思打并入四人及其诗歌之中，故虽是四人之诗传，却融入了五人之诗思。

深入浅出的文字，看似容易，其实至难。因为要做到淡语而有味、浅语而有致，需要极通透的思想与极高明的艺术。杨雨君在这四书中的展现出来的灵动之思、浅近之语以及浓郁的抒情性，正洋溢着这样的一种精神。我相信这是在高头讲章之外的另外一种著作风采，而其播撒人心的力量，我相信同样是值得期待的。

彭玉平*

2019 年 6 月 9 日

* 彭玉平，中山大学中文系系主任、教授、博士生导师，《中山大学学报》（社科版）主编，教育部长江学者特聘教授，中央电视台《百家讲坛》主讲人。

自　序

　　经典往往是在一种单向的维度中逐渐形成的，譬如陶潜的自然、李白的浪漫、杜甫的忧郁、苏轼的旷达、姜夔的清空，等等。这种维度一旦定型，就会成为接受史的基本范式，很难再有大的改变。这也直接影响到文学史的书写模式。即便是主张知人论世，也会在这一相对固定的维度中进行考量。既往经典的形成虽各有路数，但大率如此。所以经典确立之后，便主要以某一维度的伟岸和光彩来供人仰慕与怀想。

　　我无意来否定这一经典内涵的合理性，事实上，经典形成的单向维度也确实是在漫长的历史认知中慢慢沉淀而成的，其合理性毋庸置疑。但被抽象出来的经典因为强化了某一维度，很自然会压制或弱化其他维度，这就使得经典内涵原有的丰富意义必然被部分遮蔽，虽有单一的明亮，却因为限制了联想的空间而失去了丰富的韵味。

　　还原经典的原生形态，一直是我心向往之的事。以前读鲁迅的文章，文章里特别提到陶潜在"静穆"之外分明有着"金刚怒目"的一面，这给了我很大的震撼。我读李白的诗，深深觉得其浪漫的底蕴竟然是根植于现实的困顿，而杜甫的忧郁其实也时时夹杂着生活的怡情，苏轼的旷达是绝对的主流，但读他初到黄州时写给友人的书信，其惊恐不安的心情流露无遗，姜夔的清空在王国维的眼里也不过是"局促辕下"，等等。人性的复杂所带来的文风变化，真是在在可感。我这才知道，经典不能只用来仰望，而应该被感知，走进经典的原生形态，才能领略更为生动的经典神韵。

带着这样的思考，我走向李清照。

作为婉约之宗的李清照，其人其词已经被高度定型。但老实说，我读文学史中的相关章节或有关专论，常常有不满足的感觉。于是，我决定暂时搁置文学史，也搁置一切与李清照相关的论著，以"原生态"的我去感受"原生态"的李清照。我细细地咀嚼、品味她的诗词文章，追踪她的情绪变化，聆听她的婉转心曲，体验她的喜怒哀乐。我仿佛行走在两宋之间熙熙攘攘的街道上，与她不期而遇；我甚至想象着自己走进她的归来堂，与她对坐烹茶，聊说家常，感受她睥睨词坛的锐气与豪气；或者在台州、金华等偏远之地，邂逅"向帘儿底下听人笑语"、风鬟霜鬓、心力交瘁的她，我的心里瞬间盛满了无尽的怜惜与伤痛。

在这样的情境中，李清照也分明向我走来。

曾经鲜活的李清照就这样在我的心里复活起来。我试着描摹在走向经典之前的李清照的样子：她真实而自然，自信而清高，她才华出众，有胆有识，魄力过人。她可以豪爽得像个男子汉，也可以柔媚得像个小女人；她可以快乐得像只自由飞翔的小鸟，也可以忧郁得像一弯不圆满的月。她既叛逆又坚强，又时显柔弱与无助。她的婚姻，她所生活的时代，给了她比一般女性更多的自由。这种自由铸就了李清照迥异于一般闺阁女人的心性。这哪里是"婉约"两个字能够说尽的？李清照用她的清高孤傲、智慧血性，在如铜墙铁壁般束缚着女性的男权社会中，在男人书写的历史上，发出了女人自己的最强音。

曾有读者问我，如果可以穿越，我最愿意穿越到哪个时代，穿越到哪位诗人面前。当时，我毫不犹豫地回答：我最想穿越到李清照的面前，我想成为她的闺蜜。哪怕对我而言，这只是一厢情愿的"单恋"。

因此，这本书仿佛是我与李清照闺阁间的琐谈，如是而已。

杨　雨

2013 年 3 月 27 日

上篇

李清照传

第一章

云鬓斜簪，徒要教郎比并看——美女李清照

李清照到底是怎样的一个人？鼎鼎大名的古今第一才女、宋代第一女词人！读过几年书的人都知道，中学课本选了那么多名人才子的作品，可是古代历史上唯一一位入选的女作家，就只有李清照一位。中国历史上多少有名有姓的大文豪、大才子，要在中学课本里露一下脸，这还真是难上加难！

最近几年，许多历史人物的传奇人生都被拍成了电视连续剧。这让人不禁好奇，要是拍摄一部关于李清照的电视剧，那该选谁来扮演这位旷世才女呢？

说起来，这"李清照"一个人的选秀，似乎比前些年《红楼梦》十二钗的选秀还难。为什么难呢？《红楼梦》里有两个角色最难选。一个是秦可卿。秦可卿字"兼美"，所谓"兼美"，"其鲜艳妩媚有似乎宝钗，风流袅娜则又如黛玉"，秦可卿集中了薛宝钗和林黛玉两大美女的优点，这样的美女当然很难选。

另外一个更难选的角色是林黛玉。中国十几亿

人，选什么都难，就是选美女不难，可林黛玉不光是大美女，她还是《红楼梦》里最有才的才女。而且林黛玉是天上的"绛珠仙草"下凡，是一个不食人间烟火的仙女，连曹雪芹都不敢正面描写她的长相。一个人间找不到的美女加才女，这个演员可真是太难选了！

但是秦可卿和林黛玉再难选，都比不过"李清照"难选。因为秦可卿、林黛玉都是小说里虚构的人物，《红楼梦》洋洋洒洒几十万字，每个重要人物都刻画得很详细，什么时候干了什么事，说了什么话，甚至穿了什么新衣服，披了什么样子的斗篷……照着它去演总能演个八九不离十。李清照就不同了，中国两千多年的封建社会，都是男人们写成的历史，女人们要在历史书上留个名可不是那么容易的事，除非她的丈夫出人头地，当了大官或者出了大名，博了个封妻荫子，夫贵妻荣，才能在正史上附带着提那么一笔。但附带着提的这么一笔也不是自己的名字，不是马杨氏，就是朱刘氏。李清照的命也好不到哪儿去，她虽然嫁了个情投意合的丈夫，可惜丈夫又没当过什么大官，还不够资格在正史的光荣榜上占上一篇"列传"。《宋史》只在她父亲的传记中附带提了一句，说是有这么个女儿，嫁了某某人，很有才华云云。要从这样简单的一句话敷演出她的一生来，是很困难的。

更难的还不在这里，正因为正史里没李清照什么事儿，野史里可就是你来一句，我写一段，把李清照传得神乎其神，越传越邪乎。要说中国历史上的美女、才女也不少了，可没见过为了一个女人这么吵来吵去的，争论了一千年，到现在好像还没有停下来的意思。一会儿把她说成一个前无古人、后无来者的大才女，一会儿又嗤之以鼻地把她说成一个只会无病呻吟、风花雪月的小女人；这个人把她描述成闭月羞花、沉鱼落雁的绝代佳人，那个人又骂她是搔首弄姿、晚节不保的荡妇；有人说她是温柔贤淑的大家闺秀，还有人干脆把她描绘成一个慷慨激昂、指点江山的女革命家……

"李清照"选秀难哪！选一个花容月貌的美女不难，选一个出口成章的才女不难，选一个啼啼哭哭的小女人不难，选一个风骚妖艳的荡妇不难，选一个笑不露齿的大家闺秀不难，选一个昂首挺胸的女革命家也不难，可是，要把这所有的"不难"集中到一个人身上，可不就是难为编剧、难为导演、难为演员嘛！

不过，不入虎穴，焉得虎子！越是难，才越有挑战性，越是正史里不写，越是有人要替她立传，替她正名，不仅电影、电视剧蜂拥而上，李清照也是学术界关注的热点人物：2005 年，《李清照新传》① 问世；更绝的是，南京大学出版社出版的一套"中国思想家评传丛书"，搜罗了中国历史上 200 多位重要思想家的评传，从孔子一直评到孙中山，200 多号人啊，其中只有一个女人——李清照！才女一转眼又变成了思想家！最让女人们扬眉吐气的是，这回叫某某氏的可不是女人——在《李清照评传》里附带了她丈夫赵明诚的评传，总算是让这位千古"第一丈夫""李赵氏"也妻贵夫荣了一把。②

那么，李清照到底是个什么样的人物，把我们中国人为难成这样了，还偏偏要迎难而上，不把李清照说个一清二楚誓不罢休？这位古今第一奇女子，到底有什么样的魅力，能让一千年后的女人们还屡屡为她流泪叹息？让一千年后的男人们屡屡懊恼不已，"恨不与此人同时"，哀叹自己晚生了几乎整整一

---

① 邓红梅著，《李清照新传》，上海古籍出版社，2005 年。

② 陈祖美著，《李清照评传》，南京大学出版社，1995 年。

千年?

首先，李清照是位才女，这一点，一千年来几乎从没人否认过。可她毕竟首先是个女人，一个女人再有才，也不至于吸引这么多眼球盯着她一个人看，她还必须得漂亮。宋代跟现在可不一样，现在是美女看腻味了，审美疲劳，所以女人们拼命扮丑，越丑越容易出名。可宋代还是个审美的时代，而且审美的口味还非常挑剔。女人最好是美貌加智慧，才貌双全，秀外慧中，才符合当时人们对才女的审美期望。奇怪的是，一千年来，那么多关于李清照的野史逸闻，那么多关于李清照指手画脚的评论，都是争论她有没有才，有没有德，并没有一个字评价她的容貌。哪怕从她 31 岁时的那幅画像，因为年代久远，也看不出个所以然来。

不过，从李清照的自我评价来看，她对自己的美貌相当自信。例如这首《减字木兰花》①，她在词中这样写道：

> 卖花担上，买得一枝春欲放。泪染轻匀，犹带彤霞晓露痕。　　怕郎猜道，奴面不如花面好。云鬓斜簪，徒要教郎比并看。

这首词描写的应该是词人新婚不久的情景。你看，春天的花开得多漂亮，鲜红鲜红的，还带着清晨的露珠，李清照忍不住买了一枝最漂亮的插在头上。女为悦己者容，戴花总不是为了自个儿照镜子孤芳自赏吧？还得给人看哪！给谁看？当然是给她的丈夫赵明诚看了。怕丈夫说自己不如花儿好看，还故意

---

① 此词王仲闻列为存疑之作，但徐培均笺注认为此词乃李清照新婚后所作，"尽情表现青春气息与新婚之乐"。

把鲜花斜斜地插在云鬓上，在丈夫眼前扭过来晃过去，一定要丈夫说说看：到底是娇妻漂亮，还是花儿漂亮？

虽然词里面没有说赵明诚怎么回答她，但完全可以想象得出，看着这样娇滴滴的美貌妻子，那赵明诚还不酥了半边骨头去？

从当时的审美潮流来看，李清照也不失为一个美女。她的长相既符合宋代人的审美眼光，又符合当代人的审美眼光——李清照是瘦美人。

宋朝跟唐朝不一样，唐朝是以胖为美的。杨贵妃就是胖美人们的骄傲，杨贵妃胖到什么程度？据说夏天她都不敢睡竹席，生怕她的细皮嫩肉嵌到竹席缝里面去了。关于她的胖，还有个小故事。一天唐玄宗李隆基一个人在看书，正看得投入，没注意杨贵妃已经悄悄地来到他身后，拍拍他的肩膀问："嗨，三郎，看什么书看得这么入迷呢？"李隆基一听是杨贵妃的声音，故意装作手忙脚乱地把书藏起来。这一急一藏，反而把杨贵妃的好奇心勾出来了，非要问他看的是什么书。于是，李隆基皮笑肉不笑地说："偏不给你看，怕你看了要生气。"杨贵妃一把抢过书，一看，原来是《汉成帝内传》，李隆基正好看到这一段：汉成帝最宠爱的女人——赵飞燕能够在人的手掌心里轻舞飞扬，那身段轻盈得仿佛一阵微风都可以把她吹走。李隆基坏坏地笑着看杨玉环："你不怕，随它什么风都吹不动你！"杨贵妃假装生气，说："我虽然胖，可我的霓裳羽衣舞跳起来一点都不比赵飞燕的舞差吧？"

到了李清照的时代，杨贵妃式的以胖为美早成了过去时，宋代是以瘦为美的。不光是人瘦，宋代人连写诗作画都很崇尚"瘦硬"美，因此宋代文人笔下的美女也就一个赛一个的瘦：比如说欧阳修的"清瘦肌肤冰雪炉"，柳永的"自家空恁添清瘦"，苏轼的"冰肌自是生来瘦",黄庭坚的"抱琵琶、为谁清瘦",秦观的"消瘦、消瘦",周邦彦的"玉骨为多感,瘦来无一把"……

男人们这么喜欢骨感美人,时代风气就都按照男人们的喜好来打扮女人了。李清照虽然是特立独行的才女,可在这一点上并不怎么叛逆。看李清照 31 岁时的画像就知道了——削肩细腰,一口风都吹得走的样子,是典型的古典瘦美人。李清照还有个相当有名的外号,叫"李三瘦"。因为她在词里,写过三句带"瘦"字的经典名句,一句是"新来瘦,非干病酒,不是悲秋",一句是"知否,知否,应是绿肥红瘦",另一句是"莫道不销魂,帘卷西风,人比黄花瘦"。这三句词,有的是说花瘦,有的是说人瘦,还有的是说花已经很瘦了,可是人比花更瘦!李清照大概怎么也想不到,一千年前中国人的审美潮流,在一千年后又得到了遥遥呼应,20 世纪以来,"瘦"又成了人人追捧的时尚。

虽然李清照的美貌最终被她的才名所掩盖,流传下来关于她的评论,都是关注她的才华甚于美貌,但是就像现在的世俗眼光一样,无论任何朝代,对一个女人的评价,总是从容貌开始的。女性的美始终是这个世界的最美。这样的话也许会让女权主义者愤怒,可是,一千年前,没有女权主义。

那样的年代,只有"女子无才便是德"的教条。一个女人,如果长得很漂亮,就可以成为美女,成为女人中的佳品;如果有才又有色,那便是极品;如果有才又有色还没有让才色掩盖了德,那简直就是神品了。遗憾的是,纵观中国文学两千多年的历史,佳品尽有,极品寥寥,至于神品?那更要好好斟酌了。因为"道德"这个东西,往往是公说公有理,婆说婆有理,改一个朝换一个代,道德标准很可能就会天翻地覆,甚至在同一个时代，不同的思想派别，关于道德的论争也可以众说纷纭、互不买账。晋代倒是出过一位才、色、德三者俱全的神品女人——谢道韫。谢道韫很小的时候就知道将鹅毛大雪比喻成漫天飞扬的柳絮，受到她的叔父、鼎鼎大名的宰相谢安的称赞。于是后来凡是夸女人有才就说她是"咏絮之才"，这个典故就是从谢道韫那儿来的。[1] 唐朝有一句很有名的诗："旧时王谢堂前燕，飞入寻常百姓家。"[2] 这谢家可就是谢道韫她娘家，而王家呢，就是谢道韫的婆家：谢道韫是东晋安西大将军谢奕的女儿，而她嫁的是东晋最著名的书法家王羲之的二儿子王凝之，王谢两大家族的富贵风流，被谢道韫一个人占全了。

谢道韫生活的晋代和李清照生活的宋代，有一个很大的不同：晋代的才子佳人展示才华的方式，主要是通过"清谈"。所谓清谈，通俗地讲，是就某一个文化问题进行长时间的辩论，其形式很像今天的辩论赛，不但分正方、反方，还有裁判来判决输赢，而宋代的才子佳人主要是通过诗词文赋来展示才华的。于是，两位才女也就分别通过这两种方式来展示自己，成为各自时代的"学术超女""文化超女"。

关于谢道韫的辩论才华，史书记载了一个小故事：有一次王家主办一场重要的辩论赛，当时辩论的一方是谢道韫的小叔子、东晋著名的大书法家王献之。王献之在辩论赛中渐渐落了下风，抵挡不住"对方辩友"的唇枪舌剑。要知道，王家在东

---

[1] 《晋书·列女传》："王凝之妻谢氏，字道韫，安西将军奕之女也。聪识有才辩。叔父安尝问：'《毛诗》何句最佳？'道韫称：'吉甫作颂，穆如清风。仲山甫永怀，以慰其心。'安谓有雅人深致。又尝内集，俄而雪骤下，安曰：'何所似也？'安兄子朗曰：'散盐空中差可拟。'道韫曰：'未若柳絮因风起。'安大悦。"

[2] 刘禹锡《乌衣巷》："朱雀桥边野草花，乌衣巷口夕阳斜。旧时王谢堂前燕，飞入寻常百姓家。"

晋是何等地位，要是输了，那还不颜面丢尽？正在尴尬的时候，谢道韫派了个贴身丫鬟，款款地走到论坛前，递给王献之一张字条，上面写着："欲为小郎解围"。这句话的意思是，我可以帮小叔子继续辩论。王献之一看，求之不得啊，马上在辩论赛场挂了一面帘子。大家只隐约看到帘子后面一位风姿绰约的女子，听到她一连几个小时侃侃而谈，让本来气焰嚣张的"对方辩友"硬是找不到还击的机会，最终裁判宣布，此次辩论由王家获胜。①

更巧的是，东晋末年，谢道韫同样遭受了国破家亡的命运，丈夫在混乱中被杀死，而一介弱女子谢道韫硬是保护着三岁的小外孙，义正词严，把海盗头头孙恩给镇住了，一番滔滔不绝的说教后，孙恩不仅大发慈悲，刀下留人，还派手下将她祖孙俩护送回家。

李清照的命运跟谢道韫还真有很多相似的地方：一样是出身名门世家，一样是举世闻名的美女加才女，一样经历了国破家亡的不幸命运。但谢道韫比李清照幸运的是：谢道韫在道德方面几乎没有留下任何瑕疵，丈夫死后，守节终身，最后还在《晋书》的《列女传》里占了一个位置，算是为自己盖棺论定，立了个贞节牌坊。

李清照就没那么幸运了，虽然她是名副其实的"咏絮之才"，又是名副其实的绝代佳人，在后代的名声更是远远超过了占尽王谢风流的谢道韫。但李清照的处世态度，她的人生经历，她的"晚节不保"，又给道学家们留下太多的话柄。也是，谁让这个本来应该高高在上的名门闺秀，却偏偏"绯闻"不断呢？

---

① 《晋书·列女传》："凝之弟献之尝与宾客谈议，词理将屈，道韫遣婢白献之曰：'欲为小郎解围。'乃施青绫步鄣自蔽，申献之前议，客不能屈。"

在中国两千多年来的美女谱中，李清照算一个才貌双全的极品，这是没有任何疑问的。问题是，李清照算不算得上是才、色、德三者俱全的神品呢？

第二章
自是花中第一流——"赌神"李清照

人们总是希望心目中的偶像不但才貌双全，最好还"德艺双馨"，于是，对李清照，读者也往往怀着这样美好而崇高的期待。

可是，偏偏李清照的"德"是一个很有争议的话题。古代社会对女人有很明确的要求——三从四德。"从"就是顺从，"三从"，即没出嫁的时候听父亲的话，出嫁以后听丈夫的话，要是丈夫死了，那就听儿子的话——说白了，就是这一辈子都要听男人的话！"四德"是哪四德呢？妇容、妇言、妇功、妇德。妇容是要求女人要打扮得端庄整洁；妇言是要求女人说话要温柔大方，不要粗声大气、东家长西家短地搬弄是非；妇功是说女人做家务活不仅要心灵手巧，还得任劳任怨。四德中最重要的一条是妇德，妇德的核心内容还是两个字——顺从。《说文解字》有这样的解释："妇人，伏于人也。"女人的一举一动、一言一行都必须服从男人的需要，这样才是有"德"的女人。

就在李清照出生的时候，北宋朝廷还活跃着一个大名鼎鼎的人物——司马光。别看他从小就凭借"司马光砸缸"一举成为熠熠闪光的童星，挺活泼机灵的一个小伙子，长大偏偏变成了满嘴仁义道德的理学家。他有句名言是针对女人说的："妇专以柔顺为德，不以强辩为美。"对女人来说，最高的道德标准就是柔顺，谁要是伶牙俐齿，得理不饶人，甚至还敢跟男人打擂台，拼个你高我低，那就不是真正的女人，是要挨骂的。

这不，李清照从出名那天开始，挨的骂还真不少。骂来骂去，最让人骂得过瘾骂得来劲儿的就是她的"不守妇德"。宋代有个著名的学者叫王灼，他曾经评论过当朝几乎所有成名的词人。但就是这位承认李清照是当朝第一大才女的王灼，首先就开骂了，说自古以来的大家闺秀，就没见过李清照这么不知羞耻、荒淫放肆的女人！①

难道李清照真的做过什么见不得人的事，或者写过什么见不得人的文字，要遭人如此唾骂？在这帮道貌岸然的老夫子们眼里，李清照到底什么地方让他们看不顺眼了，要让他们捶胸顿足，大叫世风日下、人心不古呢？

说实话，要按当时人的要求，李清照还真算不上什么三从四德的模范。尽管她是个货真价实的大美女，但她却不符合"妇容"的要求。

古人所说的"妇容"，不是说女人要拥有天使的面孔、魔鬼的身材，浓妆艳抹，挤眉弄眼，打扮得蓝色妖姬似的去勾引男人；而是要求女人收拾得干净整洁，一举一动文雅大方，不该看的人一眼都不能多看，不该说的话一句都不能多说，不该走

---

① 王灼《碧鸡漫志》："轻巧尖新，姿态百出，闾巷荒淫之语，肆意落笔，自古缙绅之家能文妇女，未见如此无顾忌也。"

的路一步都不能多走。换言之，那个时候的男人，不欣赏野蛮女友，只欣赏笑不露齿的端庄淑女。而李清照呢，虽然是出身于书香门第的大家闺秀，从小也没少受过三从四德的教育，可惜就偏偏做了不少出格的事来挑战男人们制定的"三从四德"：比如说她的好赌，比如说她的"风流"，再比如说她的好酒……

我们常常说五毒俱全：骗、赌、帮、烟、娼，这可是连男人沾了都没好果子吃的事，可李清照偏偏沾上了一样厉害的——赌。而且她对赌博可不是一般的喜欢，简直到了痴迷的地步。许多迷恋赌博的人，常常身陷其中，不能自拔，有的甚至赌得家破人亡，几乎没几个不后悔的。可李清照赌了一辈子，还真没后悔过，因为她总是赢家。输钱的呼天抢地地后悔，赢了钱谁还后悔呢？

赌博赌了一辈子从来不输的人，大约除了李清照，还真没第二个。李清照写过一篇《打马图经序》，"打马"是一种赌博的方法。在这篇文章中，李清照一开篇就教训人：

你们赌博为什么不能像我一样精通呢？其实赌博没什么窍门，找到抢先的办法就行了，所以只有专心致志地赌，才能立于不败之地。所谓"博者无他，争先术耳，故专者能之"也。

要说这样的教训也没什么特别，谁不知道赌博要专心致志啊？不专心要输钱的呀！有的人干别的不见得专心致志，一到赌桌上那可是废寝忘食，忘我投入，赢了的还想趁着手气再多赢点儿，输了的则想捞回来！这一点，跟李清照倒有点儿相似。这不，李清照接着就得意洋洋地宣称：

予性喜博，凡所谓博者皆耽之，昼夜每忘寝食。且平生多寡未尝不进者何？精而已。

话说得很明白：我这人没什么别的嗜好，就是天性喜欢赌博。凡是赌博，我都沉迷其中，一到赌桌上就饭也忘了吃，觉也忘了睡，不分白天黑夜地赌。而且，我赌了一辈子，不论是什么形式的赌，不论赌多赌少，从来就没输过，赢的钱哗啦哗啦争着往我腰包里赶，挡都挡不住啊！

不过，那个时候到底流行什么赌博？李清照又最精通哪种赌博呢？

其实，宋代的赌博跟今天也差不太远。比如说，有钱人可以玩赌球。宋代有一种体育游戏叫蹴鞠，规则大约类似于今天的足球。《水浒传》里有个小人叫高太尉，就是因为踢球踢得好，巴结上了当时的皇帝宋徽宗，一步登天成了炙手可热的权贵。高太尉的儿子看上了林冲的老婆，硬是逼得好汉林冲家破人亡，不得已上了梁山泊落草为寇。

除了赌球，还有赌棋。下棋是不管身份的，不管有钱没钱都可以来，阳春白雪、下里巴人都可以玩，是最雅俗共赏的赌博。北宋的最后两个皇帝，宋徽宗、宋钦宗被金兵俘虏到北方去的时候，慌慌张张居然还没忘了带上象棋。李清照也说"大小象戏、奕棋"都是赌博的游戏，可惜的是，下棋只能两个人玩，不够刺激，所以李清照不怎么喜欢。

最下里巴人的赌博大概就是扔骰子了。不管在哪个时代，喝酒掷骰子大约都是最流行的赌博，愿赌服输，虽然不一定赌钱，可是输了的人，一大罐啤酒灌下去，喝的人、不喝的人都痛快！扔骰子是规矩最少、输赢见效最快的一种赌博，所以，流传也最广。

当然，除了常见的这几种，赌博的方法还有很多，比如斗鸡、斗蛐蛐儿，等等。李清照在她的文章中列了二十多种赌博游戏方式，不过在这二十几种五花八门的赌博中，有的她嫌太鄙俗；有的嫌只凭运气，显示不出智慧；有的嫌太难，会玩的人太少，她根本就找不到对手——整个一赌博界的"东方不败"。那李清照最喜欢什么形式的赌博呢？据她自己说，是"打马"。打马具体是什么玩意儿，现在已经失传，没办法知道了。不过据说有人考证出来，打马似乎是今天麻将的前身。看来，打通宵麻将，是李清照的一大爱好。

最神的还不是这个。北宋灭亡后，为了躲避金兵的围攻，李清照跟着宋朝的皇帝、达官贵人们一起逃难。就在这兵荒马乱的时候，北宋的两个皇帝被俘虏了，北宋朝廷灭亡了，丈夫死了，前半生千辛万苦积累的一点家产也在逃难中几乎都丢光了，可她还念念不忘赌博的事儿。人家说三天不练手生，她是三天不赌手痒啊。所以从逃难的船上一下来，刚刚租了临时的房子安顿好，她就马上想到要把自己爱好赌博并且常胜不败的经验好好总结总结，并且为她最爱的"打马"游戏注入一些文采，将它提升到一个雅俗共赏的境界。这种赌瘾，简直令人叹为观止。

有人说李清照是个"赌棍"，还真不是冤枉她。当然，"赌棍"这两个字实在不大雅观，也不大符合李清照的高雅身份，不妨换个词，就像《古今女史》所说的那样，称她为"博家之祖"——赌博的祖师爷。这顶高帽子可不是随便什么人都能戴的，赌棍不雅，那就再赠她一个当之无愧的外号——赌神！她甚至还说过这么一句话："使千万世后，知命辞打马，始自易安居士也。"原来李清照写这篇《打马图经序》，除了得意洋洋、生怕别人不知道自己精通赌博，她最主要的目的，还是要让千万年后的后辈子孙都知道："命辞打马"这种赌博游戏，就是我李清照开创的。"博家之祖"，非我莫属，谁都别来抢啊！

当然，要声明一点，爱赌博也不是李清照一个人的错，在宋朝连皇帝都好这个。难怪那个时代人口虽然没这么多，参加赌博的人比例却不见得少。民间甚至传说宋代开国皇帝赵匡胤跟道士陈抟赌博，输掉了整个华山！还有更绝的，受宋朝赌博风气的影响，北方各民族也都盛行赌博。例如辽国的皇帝辽道宗甚至在朝堂上公然扔骰子比大小，看大臣们谁可以升官，结果还真有人扔了个最大点，立马升了个宰相的官！好赌到了这种程度，难怪宋朝要亡国，也难怪辽国灭亡比宋朝还要快！

赌博不仅可以决定谁能升官，甚至还关系到国家命运。公元 999 年，当朝皇帝宋真宗运气不好，赶上了辽兵大举入侵，眼看就要攻到都城开封城下了，大臣们都劝皇帝赶紧逃跑，宋真宗正准备接受建议呢，左右一看，发现这紧要关头居然不见了宰相寇准，忙派人去查问，手下汇报说："丞相正在家里喝酒赌博呢！"宋真宗一听，非但不生气，反而吃了定心丸——这大祸临头的关口，寇准还有心情喝酒赌博，那不是因为胸有成竹吗？果然，把寇准一召来，他就劝真宗御驾亲征。宋真宗是个没主见的主，上了前线，惶惶然又派人去看寇准在干什么。手下回来报告说，寇准还照常在营地里和同事们喝酒赌博。宋真宗大喜，说："寇准这么从容，我可以高枕无忧了。"宋真宗还真没看错人，这次御驾亲征果然大胜而归，取得了澶州大捷。这可是宋代历史上寥寥可数的几次胜仗之一！虽然不能说是赌博的功劳，但是至少赌博起了安心定神的作用。如果不是寇准的"好赌"，恐怕宋真宗早就吓得六神无主、逃之夭夭了。

不过，宋代人虽好赌，但跟今天一样，在宋代，对赌博的处罚也是够严厉的。宋代刑法规定，对参与赌博的人，除了罚没赌资，还要打一百棍，按盗窃罪论处。当官的要撤职流放，没官的甚至可能被杀头！但是，一方面是政府禁赌越来越严厉，一方面却是赌博之风越来越昌盛，这可是上有政策，下有对策。

你皇帝宰相都好赌，也不见杀头，能拿我李清照怎么着？

这样迷恋赌博、精通赌博的赌神，不但在宋代是"东方不败"，就是放到现在，那只怕也是一个"独孤求败"吧？

如果说好赌还只能算是李清照"不守妇德"的种种表现当中的冰山一角，那么人家骂她"荒淫""无顾忌"，主要还是指她的"好色"。

宋代原本就是一个风流朝代，当然"风流"的权利专属男人。男人好色一点儿都不稀奇，男人们聚在一起，甚至还往往以风流自夸，谁风流谁光荣。自己三妻四妾不满足，到"红灯区"去溜达一圈更是家常便饭。欧阳修就说"好妓好歌喉，不醉难休"；柳永也说"坐中醉客风流惯"；秦观更是自我炫耀："谩赢得，青楼薄幸名存"……苏东坡更过分，还带着妓女去拜访和尚，和尚虽然心里很不高兴，却又不好意思得罪苏轼。

最有意思的是，连三宫六院的皇帝都免不了拜倒在妓女的石榴裙下，甚至闹出了皇帝和大臣为一个妓女争风吃醋的故事，这位皇帝就是北宋最多才多艺的宋徽宗。皇帝当久了，"大鱼大肉"吃腻了，也想到花街柳巷去尝点儿"小吃"，带着两个贴身心腹，去"微服私访"，这一访就访出个千古艳遇来——见到了当时最有名的妓女李师师。李师师知道客人是皇帝，那还不尽力奉承啊？于是把宋徽宗迷得神魂颠倒。徽宗皇帝因为要常常出宫去和李师师幽会，很不方便，后来干脆从皇宫挖条地道，一直通到李师师的闺房。

这李师师都是皇帝的人了，按说应该金盆洗手，一心一意伺候皇上了。可惜皇家的规矩大，皇帝再离不开你，一个妓女要想登堂入室，当一个名正言顺的嫔妃是没有资格的。况且，就算李师师不想再接客，她老板也不能答应啊。据说北宋著名的大才子周邦彦就是李师师特别青睐的主顾之一。

费丹旭《仕女围棋》

周邦彦当时在朝廷担任大晟乐正的官，主管朝廷音乐的修订。这周邦彦本来和宋徽宗算得上臭味相投，两人都好填个词唱个曲儿，都精通音乐文学，本来关系挺好，为了一个李师师硬是把关系搞砸了。要说周邦彦也真是，人家皇帝喜欢的女人，你远远地看着吞点儿口水也就罢了，非去凑什么热闹呢？最可气的是，有一次宋徽宗微服私访李师师家，不巧周邦彦先到了，听说皇帝来了，来不及回避，只好躲到床底下去了。

宋徽宗带了一个刚进贡来的新鲜橙子给李师师，一边剥橙子吃，一边听师师弹琴唱曲，一边还说着情话，周邦彦把这一切全都看在眼里，听在耳里。光看看听听也就算了，还不知趣，把这个情景填成了一首词，叫作《少年游》：①

　　并刀如水，吴盐胜雪，纤手破新橙。锦幄初温，兽烟不断，相对坐调笙。低声问向谁行宿，城上已三更。马滑霜浓，不如休去，直是少人行。

李师师后来竟然还把这首词唱给了宋徽宗听。皇帝的隐私让大臣知道了，这还了得？宋徽宗于是大怒，下令立即把周邦彦押出首都。过了一两天，徽宗又去看李师师，师师不在，等了好久才回来，回来的时候还愁眉苦脸，梨花带雨，一副憔悴幽怨的模样。宋徽宗大发脾气，问师师："你又到哪里去了？"师师楚楚可怜地回答说："臣妾罪该万死，听说周邦彦犯了罪被贬出京城，我准备了一杯薄酒，给他饯行去了。"这宋徽宗也

---

① 《贵耳集》："道君幸李师师家，偶周邦彦先在焉，知道君至，遂匿于床下。道君自携新橙一颗，云江南初进来，遂与师师谑语。邦彦悉闻之，隐括成《少年游》云。"《耆旧续闻》《本事词》《浩然斋雅谈》等亦持此说。但近代以来如郑文焯、王国维等人已力辩其非。

绝，听了这话，倒先不忙着发脾气，反而好奇起来："他是不是又写了什么词？"李师师连忙先敬了皇帝一杯酒，抱过琵琶，娇滴滴地为皇帝唱了周邦彦新写的词："柳阴直，烟里丝丝弄碧。隋堤上、曾见几番，拂水飘绵送行色……"①

也不知道是李师师的楚楚可怜软化了皇帝的情，还是周邦彦的才华打动了皇帝的心，总之，皇帝听完师师唱的歌，脾气也没了，心情也好了，赶紧派人把周邦彦找了回来，让他继续担任大晟乐正。

这个故事的真实性颇令人怀疑，自然是入不了正史的，只能当野史轶闻，作为茶余饭后的谈资笑料听听而已。不过这故事的编撰毕竟反映了古人的一种心态，那就是——男人好色不但不是罪过，反而是风流才子的佳话。可是，如果女人"好色"呢？那恐怕就不但不是什么佳话，反而要准备挨骂了。也难怪那些道学先生要指责李清照了。

附李清照《打马图经序》：

慧则通，通即无所不达；专则精，精即无所不妙。故庖丁之解牛，郢人之运斤，师旷之听，离娄之视，大至于尧、舜之仁，桀、纣之恶，小至于掷豆起蝇，巾角拂棋，皆臻至理者何？妙而已。后世之人，不惟学圣人之道不到圣处；虽嬉戏之事，亦不得其依稀仿佛而遂止者多矣。夫

---

① 周邦彦《兰陵王》："柳阴直，烟里丝丝弄碧。隋堤上、曾见几番，拂水飘绵送行色。登临望故国，谁识京华倦客。长亭路，年去岁来，应折柔条过千尺。 闲寻旧踪迹。又酒趁哀弦，灯照离席。梨花榆火催寒食。愁一箭风快，半篙波暖，回头迢递便数驿，望人在天北。 凄恻，恨堆积。渐别浦萦回，津堠岑寂，斜阳冉冉春无极。念月榭携手，露桥闻笛。沉思前事，似梦里，泪暗滴。"

博者，无他，争先术耳，故专者能之。予性喜博，凡所谓博者皆耽之，昼夜每忘寝食。且平生多寡未尝不进者何？精而已。

自南渡来，流离迁徙，尽散博具，故罕为之，然实未尝忘于胸中也。今年冬十月朔，闻淮上警报，江浙之人，自东走西，自南走北，居山林者谋入城市，居城市者谋入山林，旁午络绎，莫不失所。易安居士亦自临安沂流，涉严滩之险，抵金华，卜居陈氏第。乍释舟楫而见轩窗，意颇适然。更长烛明，奈此良夜何？于是博弈之事讲矣。

且长行、叶子、博塞、弹棋，近世无传。若打揭、大小猪窝、族鬼、胡画、数仓、赌快之类，皆鄙俚不经见。藏酒、摴蒲、双蹙融，近渐废绝。选仙、加减、插关火，质鲁任命，无所施人智巧。大小象戏、奕棋，又惟可容二人。独采选、打马，特为闺房雅戏。尝恨采选丛繁，劳于检阅，故能通者少，难遇勍敌；打马简要，而苦无文彩。

按打马世有二种：一种一将十马者，谓之"关西马"；一种无将二十马者，谓之"依经马"。流行既久，各有图经凡例可考；行移罚赏，互有同异。又宣和间人取二种马，参杂加减，大约交加侥幸，古意尽矣。所谓"宣和马"者是也。予独爱"依经马"，因取其赏罚互度，每事作数语，随事附见，使儿辈图之。不独施之博徒，实足贻诸好事，使千万世后知命辞打马，始自易安居士也。时绍兴四年十一月二十四日，易安室序。

第三章
笑语檀郎:"今夜纱厨枕簟凉"——风流李清照

以现在的眼光看,李清照实在算不上风流。别说是现在,就是放在她之前的唐朝,"风流"二字也轮不上她。唐朝女性的地位要高于宋朝女性。唐朝的统治阶层不是纯种的汉族,也就没有汉族那样历史悠久的对女性的压制,反而带着点北方少数民族母系社会的遗迹。花木兰替父从军的故事,就来自北方少数民族的民歌。《木兰诗》结尾说:"雄兔脚扑朔,雌兔眼迷离。双兔傍地走,安能辨我是雄雌?"用兔子来打比方,其实意思就是:别看男女有别,上了战场,女人跟男人一样冲锋陷阵,谁还能分得清是男是女?巾帼不让须眉啊!

有了这样的渊源,就不难理解,为什么只有在唐代才能诞生中国封建历史上唯一的一位女皇帝;也可以理解,为什么杨贵妃可以"三千宠爱在一身",让白居易都大叹"遂令天下父母心,不重生男重生女"!"孝"是古代中国的伦理核心,"不孝有三,无后为大"，不生男丁可是要断了香火的，这是最大的不孝。可是，唐朝女性地位的大解放，偏偏让人巴不得多生几个武则天、多生几个杨贵妃出来光宗耀祖。再看留存下来的唐朝仕女图，虽然赶不上网络上铺天盖地的"不雅"照，但那个开放程度也是够可以让人眼珠子掉一地的。

可惜的是，接下来的宋朝女人可就没那么幸运了。虽然两个朝代只隔了五十多年的时间，可是宋朝的理学对女性的态度就来了个180度大转弯，"三从四德"便是南宋的理学大家朱熹提出来的。在朱熹之前，北宋还有位理学泰斗程颐老夫子，人家问他："如果孤儿寡妇的，没饭吃没活路了，能不能改嫁？"程老夫子眼一瞪，义正词严地说："饿死事小，失节事大！"实际上就是教人死要面子活受罪。当然，宋代理学的扩张有个循序渐进的过程，而且理学主要是知识分子在书房里穷鼓捣的玩意儿，对老百姓还没那么大的影响力。所以宋代妇女改嫁，让理学老夫子们气得干瞪眼的事也常常发生。就连宣扬"饿死事小，失节事大"的这位程老先生，他自己的侄媳妇也没有听从他的教导，毅然改嫁，追求自己的幸福去了。

话说回来，在理学渐渐成熟的宋代，就算出现几个冒天下之大不韪的女人，那也是要相当有勇气，要挨得起骂、受得起白眼的。就说这李清照吧，她可能这一辈子压根儿就没把什么三从四德、"饿死事小、失节事大"这样的教条放在心里，没出嫁的时候，父亲未必管得住她，嫁人以后丈夫未必管得住她，丈夫去世以后，社会道德舆论也未必管得住她。例如，这两首词，已经足以说明她的"风流"态度！

第一首词，说的是嫁人之前的事。

蹴罢秋千，起来慵整纤纤手。露浓花瘦，薄汗轻衣透。

见有人来，袜刬金钗溜，和羞走。倚门回首，却把青梅嗅。(《点绛唇》)①

这首词写一个少女荡完秋千后的情态。李清照没有写她荡秋千时如何迎风飞扬，如何笑声荡漾，只是截取了荡完秋千以后的镜头。秋千已经停了，少女慢慢地从秋千上下来"慵整纤纤手"。一个"慵"字，可以推想出她荡完秋千后的那种疲倦和慵懒的神态：她轻轻地揉着荡秋千荡酸了的手。"露浓花瘦"是交代时间和地点，"露浓"表明时间是在春天的早晨，"花瘦"表明地点是在少女的"私家花园"中。有"私家花园"的可不是普通人家，不是大富就是大贵，暗示了少女不是一般的小家碧玉，而是大家闺秀。按逻辑，既然是大家闺秀，就应该有大家闺秀的风度，一举一动都得像个淑女，可是，在这首词里，这位大家闺秀的表现突然发生了戏剧性的变化。这个戏剧性变化的原因是：少女的私家花园里突然闯进来一个陌生男子。

按道理，大户人家的深宅大院，不可能有陌生男子不经通报就擅自闯入后花园，但诗词本来就讲究"无理而妙"，没有道理的道理就是诗词的道理。如果都要讲道理，那李白的"飞流直下三千尺，疑是银河落九天"又找谁讲道理去？所以，不管有没有道理，反正，这个陌生男子是闯进来了。不过，虽然诗词是"无理而妙"，但也不是完全没有道理。像这样贵族家庭的后花园，就算有人擅自闯入，也不可能是一般的平民百姓，而肯定是门当户对、风度翩翩的贵族男子。当然，不管是什么地位的贵族男子，女眷看到了，尤其是大户人家的未婚女眷看到，

① 徐培均笺注认为此词"为少年时作"。语本晚唐韩偓《偶见》诗："秋千打困解罗裙，指点醍醐索一尊。见客入来和笑走，手搓梅子映中门。"王仲闻则以此词为存疑之作。

肯定是要回避的。可是少女刚刚荡完秋千，很累很懒，衣裳也没整理好，鞋子也来不及穿，慌慌张张只穿着袜子就往屋里逃，头发蓬散，金钗掉到地上，都顾不得捡起来，先逃走再说。

可是，她真舍得逃走吗？深闺大院里，是谁敢冒冒失失闯进来呢？少女好奇啊，到底还是想偷偷看一下。于是她急急忙忙溜掉的同时，又依依不舍地回头看。"和羞走，倚门回首"，这个"走"字跟今天说的"走"并不一样，古代的"走"是"跑"的意思，说明少女因为害羞，跑得很匆忙，但又忍不住躲在门后头偷看。可以想象，闯进来的人虽然冒失，却是一位大帅哥，连这位貌美如花的贵族少女也情不自禁地被打动，看了还想看。可她毕竟还是大家闺秀，还知道点儿体面，所以偷看帅哥还得来点儿掩饰。于是，就用嗅青梅的动作，掩饰一下自己怦怦乱跳的少女春心。

这首词表面上好像是在写少女看到陌生男人后，是如何的害羞，是如何想赶紧逃跑，生怕被陌生男人偷看了去。可实际上呢，这些都只是李清照设的幌子啊！她想要说的，根本就不是少女的害羞。她想说的其实是：哪个少女不怀春！别看平时一本正经，一副大家闺秀的淑女模样，那都是做出来给人家看的，是表面文章，骨子里却充满了少女天性中对自由、对爱情的本能渴望。这种人性的渴望，哪里是三从四德的教条压抑得了的呢？李清照其实并不比别的女人更"风流"，只是她比别人更敢说，别的女人想说又不敢说的话，她全给抖出来了，这就是勇气，这就是离经叛道啊！

这样的词，未必是记录李清照本人的亲身经历，然而从词意来看，李清照显然是用欣赏的笔触在展现少女的春心萌动，以女性惺惺相惜的理解对率真可爱的少女情怀表达她的赞美之情。在她的笔下，少女怀春非但不是什么见不得人的"荒淫"

之事，反而是青春美好的自然本性。

第二首词描绘的是一位少妇新婚之后的事。这第二首词的"风流"，比第一首还有过之而无不及了。这位待字闺中时就敢于藐视道德的女人，结了婚以后，又有了更加离经叛道的表现。

晚来一阵风兼雨，洗尽炎光。理罢笙簧，却对菱花淡淡妆。　　绛绡缕薄冰肌莹，雪腻酥香。笑语檀郎："今夜纱厨枕簟凉"。(《丑奴儿》)①

这首词更绝了。第一首词虽然表现的是少女蠢蠢欲动的"春心"，这"春心"好歹还是经过掩饰的，是"羞答答的玫瑰，静悄悄地开"。这第二首词可就连这点羞答答的掩饰都剥掉了，变成明目张胆的挑逗了。

首先时间上更加暧昧：是刮了风下过雨之后的夜晚，而且还是夏天的夜晚。因为"洗尽炎光"，也就是说，晚上这场风雨，把白天的炎热都洗刷干净了，是夏天里一个难得的凉快的夜晚。词一开始，就交代了时间和天气，在这样的时间和天气里，一看就知道有故事要发生吧？

果然，在这美妙的、凉快的夏夜，女主人公款款出场了——理罢笙簧。看来，这位少妇应是大家闺秀，出身于书香门第，琴棋书画大概是无所不通的。弹琴画画是大家闺秀的业余爱好，虽说是业余爱好，可都赶得上专业水平啊。例如《红楼梦》里

---

① 此词亦被认为是存疑之作，四印斋本题作《采桑子》，末注："此阕词意肤浅，不类易安手笔。"王仲闻同意《汇选历代名贤词府全集》及《花草粹编》作康伯可词。然亦有人认为此词著作权应归属李清照，其词"清新浅近，并未违反她的创作风格，除了封建的观点以外，没有什么理由能说不是她的作品"。(黄盛璋《李清照与其思想》)

的姑娘们一个个也都是多才多艺的：惜春擅长丹青，黛玉颇通琴理，这都是贵族少女的艺术特长。李清照本人也是琴棋书画兼擅，她曾在《浣溪沙》一词中写道："倚楼无语理瑶琴"，便是借独自抚琴的寂寞来表达女子怀春、伤春之意。

那么这首词中的女子要弹琴给谁听呢？

人们说知音知音，琴是弹给懂琴的人听，对牛弹琴的事傻瓜才会干。这听琴的人是谁，词里面没有直接说，但从"檀郎"二字却可以推断出。

檀郎本来是指晋代一位名叫潘岳（字安仁，后世称其为潘安）的美男子，后来诗词当中往往用"檀郎"来泛指美男子。人们用"貌似潘安"来赞美帅哥，就是说美男子应该像潘岳那样"美姿仪"，英俊潇洒。后来女子也常常用"檀郎"作为对爱人的昵称。所以"檀郎"就有了两层意思，一层相当于今天说的"帅哥"，一层相当于"亲爱的"。

如果这首词描绘的是李清照的亲身经历，那么对她来说，她的"亲爱的""帅哥"，当然是丈夫赵明诚。

"理罢笙簧"，这是说弹完了一曲动听的歌儿。值得注意的是，这古代的诗词里面，处处都是陷阱——表面上只是说弹琴，可实际上，弹琴绝对不仅仅是自娱自乐，她总得有听琴的人，这听琴的人当然就是她亲爱的"檀郎"了。弹琴听琴又意味着什么呢？俞伯牙和钟子期高山流水觅知音，固然是弹琴人与听琴人的千古佳话。不过这首词里的弹琴与听琴显然还蕴含着其他的意味——古代有一个家喻户晓的故事：汉代才子司马相如用琴声挑逗美女卓文君，卓文君怦然心动，义无反顾地与父母断绝关系，跟着穷光蛋司马相如私奔了，这就是所谓的"凤求凰"的来历。可见古人弹琴，在同性，是为了寻觅知音；在异性，可就是为了求爱了。

如果说"理罢笙簧"还只是求爱的暗示，这位少妇的丈夫大概是块榆木疙瘩，听了半天琴，脑子还没开窍，那么，词中的女主人公可就要采取进一步的措施了："却对菱花淡淡妆。"菱花，即镜子，古代铜镜后面往往都铸上菱花的图案，所以诗词里就用菱花来指代镜子了。见丈夫没从琴声里听出"凤求凰"的暗示来，娇羞的少妇只好对着菱花镜子，开始细细描眉，轻轻点唇了，上一点薄薄的晚妆，向丈夫妩媚一笑，那意思，再明显不过了。

虽然这首词中的少妇未必是李清照本人，但词人填词，往往带着自身经历的影子，至少也包含着词人的价值取向，或者反映了词人的审美趣尚。以李清照夫妻为例，李清照的丈夫赵明诚，那可是宋朝鼎鼎有名的考古学家。这考古学家，学问自然是没话说，但很可能不解风情。虽说娶了这么个娇滴滴的才女妻子，夫妻恩爱，可再恩爱的夫妻保不准也有"七年之痒"啊。

什么是七年之痒？据说有一种剧毒的植物常春藤，被它毒到了以后每七年会痛痒一次。后来美国人用这个名字拍了部电影，由好莱坞的性感女星玛丽莲·梦露担任主角，把婚姻的"七年之痒"演绎到了极致。这赵明诚本来就是个不解风情的主儿，再加上"七年之痒"可能导致的审美疲劳，对李清照再明显不过的暗示居然还是无动于衷。说不定，在考古学家丈夫的眼里，绝色美女的老婆看久了，还不如几百年前的一个破铜罐子可爱呢。

要换了别的妻子，为了维护自己的淑女形象，说不定就此罢休了。可李清照不是一般的女人，要不人家怎么骂她"荒淫""肆意""无顾忌"呢？

李清照可是"美女作家"，本来美女就够招眼的了，再冠上个"作家"之名，而且还是以"身体写作"的美女作家，不挨骂简直是不可能的事。看看下面这几句，就知道那时候的人骂得也不是无中生有。

"绛绡缕薄冰肌莹，雪腻酥香"——少妇洗了澡，化了妆还不够，还要穿上件粉红色的透明睡衣，雪白的肌肤若隐若现，一阵一阵的幽香散发出来，然后，脉脉含情、温言软语地对丈夫说："老公，今晚的竹席应该很凉快哦！"

这暗示足够大胆了吧？简直是石破天惊啊！当时那个叫王灼的学者就说了：哎呀呀，这种不知羞耻的话居然也敢写出来，从古至今的大家闺秀，有文采的又不止她李清照一个人，就没见过这样大胆放肆的！

这话又说回来了，要按现在的眼光，公平地说，李清照笔下这种明目张胆的挑逗实在算不上有伤风化，人家夫妻间谈谈情，说说爱，正常得很，碍着谁了？最多只能算是"闺房记乐"吧。错就错在李清照不该生活在那个年代。那个年代，就是看不得人家夫妻恩爱。结婚不是为了爱情，而是为了传宗接代，主要任务完不成，还好意思情啊爱啊的整天挂在嘴上？

要说，李清照还算幸运的，只不过挨挨骂而已，还不至于影响夫妻感情，洒脱点也就随他骂去，大不了回他一句：吃不到葡萄就说葡萄酸呗。可宋代还真有夫妻恩爱被人看不惯，硬被拆散了的事情，也算得上是一大奇闻。那这对倒霉夫妻是谁呢？就是跟李清照同时代的陆游和唐婉。本来这也是一对郎才女貌、你恩我爱的模范夫妻，娶了唐婉的陆游，幸福指数特别高。比如说，陆游写过一首《菊花枕》，就是说小两口采集菊花，用来缝制枕头的事情。这首诗因为写得挺香艳挺风雅的，当时很快就传开了。要是按现在的眼光来看，这不但不值得我们大惊小怪，反而还觉得是件挺浪漫挺诗意的事儿。可那个时候，在老的封建思想看来，这就显得很轻浮了。

最看不惯小两口卿卿我我的当然是唐琬的婆婆、陆游的母亲：哦，你们小两口甜甜蜜蜜、恩恩爱爱了，我还等着抱孙子呢，不能光打雷不下雨啊！没啥好说的：离婚！

陆游号称"放翁"，多洒脱多豪放的一个人啊，却也是个没有原则的孝子：一边是如胶似漆的妻子，一边是威严的老母亲，难做人哪。陆游没办法，这边舍不得妻子，那边又得罪不起母亲，只好偷偷地买了幢别墅，把唐琬藏了起来。可是好事不出门，坏事传千里，没藏多久，不知道是谁嚼舌头，把这事偷偷告诉了他母亲。母亲这个气啊，拄着拐杖就要去兴师问罪，幸亏陆游先得了消息，让唐琬先逃走了，才避免了一场一触即发的"肉搏战"。"战争"虽然没打起来，老婆是肯定保不住了。就这样，堂堂正正一"放翁"，居然老老实实把才貌双全、相濡以沫的妻子给休了。

相比之下，李清照可比唐琬要幸运多了。要按宋代的法律，你李清照再怎么美貌，再怎么才华横溢，最多当个"美女作家"，要做人家妻子还不够资格啊。为什么这么说呢？宋代刑法规定有"七出"，也就是说，只要做妻子的有这七条毛病中的任何一条，丈夫就可以名正言顺地把她休掉。"一无子，二淫逸，三不事舅姑，四口舌，五盗窃，六妒忌，七恶疾"：不生儿子，放浪淫荡，不好好伺候公公婆婆（古代"舅姑"指公婆），喜欢搬弄是非，小偷小摸，妒忌丈夫三妻四妾、拈花惹草，得了不治之症，都是当妻子的不是，是要被赶出家门的。

"七出"的第一条，就是"无子"。没生儿子，是做妻子最大的罪过。陆游的妻子唐琬有没有别的毛病不清楚，反正"无子"是婆婆逼着儿子休她的主要理由，并且这是一条最正当的理由——唐琬被休以后，陆游后来娶的妻子果然就让他儿孙满堂了！

巧得很，如果按这"七出"的规定，李清照和唐琬一样，一不小心就犯了头条——无子。她和赵明诚做了三十年的夫妻，却没给赵明诚生下一儿半女，生生让赵明诚断了香火！他们为什么没孩子，原因不知道，反正那个时候，他们夫妻再怎么前卫，也没有超前到要做丁克一族，享受二人世界；而且那时又不兴什么体检，问题出在谁身上也搞不清楚，只要是没孩子，统统都是女人的错。就凭这一条，就是十个才貌双全的李清照，赵明诚也有理由把她给休了！——一个女人，再怎么风情万种，也只是个中看不中用的花瓶啊。何况，你们这些个闺房里的悄悄话，自己私底下说说也就罢了，还偏偏要白纸黑字地留下"案底"，不是明摆着让人揪小辫子吗？

这两首词，从"好色"的侧面证明了李清照的"叛逆"。"三从四德"，她几乎没一样靠谱！不过，需要特别强调的是，"好色"在古典文学批评的语境中，其实是一个褒义词。司马迁曾经引汉初淮南王刘安的话，高度评价《诗经》中的爱情诗"好色而不淫"①。也就是说，这些诗篇承认甚至赞美了作为人性本能需求的爱情，并且呈现出动人的艺术风貌。即便在最守旧的儒者和理学家那里，"发乎情"而"止乎礼"的爱情也是能够被宽容的，"好色而不淫"几乎成了古代文艺批评的最高准则之一。

而以当代女性的眼光来看，李清照的爱情词，是完全可以当得上"好色而不淫"的评价的。"好色"，是作为一名具有独立意识和个性的女子本色自然的精神需求，也反映出一名与众不同的才女别具一格、特立独行的审美态度。

---

① 《史记·屈原贾生列传》。

《红楼梦》在描述林黛玉初入贾府时，众人看她但觉"有一段自然的风流态度"，贾宝玉更是把她当作"神仙似的妹妹"。"风流态度"这四个字活脱脱描摹出林黛玉难以用语言文字来描述的风度和气质。"风流"的正解，恰应是有才华而不拘于世俗礼节，体现出脱俗的个性和气质，正如魏晋风流名士自诩的那样："礼岂为我辈设也？"① 如果说林黛玉还只是一个虚构的文学人物，那么对于真正的诗人词人而言，也许"风流"还包含了一点恃才傲物的清高孤绝。李清照，就正是这样一个有着一种"自然的风流态度"的女词人。

那么，除了好赌好色的"风流"性情之外，李清照还有一样什么爱好，能让她从美女如云的宋代脱颖而出，成为一个让世人瞩目，同时也让很多人"侧目"的叛逆女性呢？

---

① 《世说新语》："阮籍嫂尝回家，籍见与别。或讥之，籍曰：'礼岂为我辈设也？'"

第四章
浓睡不消残酒——"酒仙"李清照

　　风光得意时候的李清照，除了好赌、"好色"之外，还有一样什么爱好，让她在宋代的美女群、才女群中显得那么"格格不入"，甚至成为一些道学家的眼中钉呢？

　　其实，这样爱好，说来一点都不稀奇。人们常常把"酒色财气"连在一起说——"色"，李清照的"风流好色"已经证明过了；"财"，李清照贪不贪财，暂且留到后文再去探讨；"气"，原本就是斗气赌狠的意思，李清照的"赌徒"经历不就是斗气赌狠的最好证明？其实无酒不成赌，何况李清照自称结婚后有一段时间，夫妻俩家徒四壁，家里穷得叮当响，还要经常出入当铺，现金和存折估计不多，但绝对不缺酒和骰子。

　　可是李清照出身名门，是大家闺秀，又怎么会家徒四壁，穷得叮当响，还要经常出入当铺呢？难道她嫁的丈夫赵明诚是个穷光蛋、落魄秀才？难道他们俩也是私订终身后花园，没有父母之命、媒妁之言？按理说，古人的婚姻是父母包办，是讲究门当户对的，除非像卓文君那样私奔，否则富家小姐怎么可能下嫁穷光蛋呢？那李清照的婚姻到底是怎么回事？要说清楚这档子事儿，还得先从李清照的父亲李格非说起。

李清照的婚姻确实是父母包办。李清照嫁给赵明诚的时候正好十八岁，当时她的父亲李格非，正在北宋的都城东京（河南开封）做礼部员外郎。在宋朝，礼部主管国家祭祀大典、外交礼仪，还主管各级科考，统管文化教育，职权范围比今天的教育部还要大。而李格非担任的礼部员外郎，大约相当于今天教育部某个司长。按说，这个官职不小了，而且还是个油水部门，但李格非这个人，天生的犟驴子脾气，常在河边走，偏偏不湿鞋，还真算得上是个两袖清风的好官。有这么一件事，可以说明李格非的清正廉明。

要说这件事，还得回溯到 18 年前李清照刚刚出生的时候。当时李格非还在山东郓城做一个叫"郓城教授"的小官。郓城虽小，在后来的文学史上也还是出了点小名，《水浒传》里的头号人物宋江就是郓城人氏。所谓"教授"，可不能同今天的大学教授相比，现在的大学教授，级别待遇相当于正处级。而"郓城教授"，大约只不过是郓城这个小镇主管文教卫的副镇长，级别只相当于副科，而且还是清水衙门的副科级。虽然北宋朝廷的文官俸禄相当优厚，但"郓城教授"这个官实在太小，还不够让李格非一家子穿金戴银、吃香喝辣的。

宋代有规定：当官的可以兼职兼薪，挂好几个单位的职务，拿好几份薪水，这在当时很普遍。就像现在的大学教授可以被聘为其他大学的兼职教授、客座教授一样，挣的外快可能比自己本职工作挣的薪水还要多。当地的地方官看李格非家境实在有点贫寒，想给他介绍一份兼职的工作，改善一下生活条件。可李格非偏偏是个书呆子，为了证明自己清正廉洁，硬是谢绝了上司的好意，一份薪水吃到底。

然而宋代的官员并不欣赏李格非这种清正廉洁的做派，宋代人最典型的生活观念就是"笑贫不笑娼"。就像开国皇帝宋太祖赵匡胤告诫他的开国功臣一样，过日子要"多致歌儿舞女，日饮酒相欢，以终其天年"，多养几个小妾，天天在一起喝酒唱歌，好好享受人间的天伦之乐。所谓上行下效，皇帝都这么说了，只要你不去抢他的皇位，他愿意"高薪养廉"啊：你们这些当臣子的，拿着丰厚的薪水，好好享受生活去吧。

于是宋朝的风气，官员们除了争着比谁的文章写得更好，还要比谁过得更加富贵风流。从李清照师爷爷的师爷爷，北宋初年的著名宰相晏殊，到李清照的师祖、苏轼的老师欧阳修，再到她的师爷爷苏轼，哪个不是三妻四妾，养一大帮歌儿舞女，还不时要到秦楼楚馆去娱乐娱乐、休闲休闲？

这其中，最著名的还是那位因为写了一句绝妙好词"红杏枝头春意闹"，而被称为"红杏枝头春意闹尚书"的宋祁。宋祁和李格非一样，也经历了从一贫如洗到大富大贵的转折。没中进士之前，宋祁和他哥哥宋庠在学校里读书，冬至的时候穷得没钱吃饭，就把祖传宝剑剑鞘上包的一点儿银子刮下来，换了点儿酒菜。宋祁还满不在乎地说：冬至吃剑鞘，到过年就该把剑都吃掉了。

后来兄弟两人都中了进士，当了大官，宋祁常常左拥右抱，通宵达旦地歌舞醉饮，他哥哥派人去批评他：你这样穷奢极侈，难道已经忘了当年在学校里喝野菜稀饭的日子吗？宋祁哈哈大笑，当即回复：当然记得！不过敢问兄长，当年咱们在学校喝野菜稀饭又是为了什么？

言下之意，当年寒窗苦读，不就是为了现在能够拥红偎翠、夜夜笙歌嘛！

就是这位大文豪宋祁宋尚书，好酒好色的毛病一直到晚年都没大改。晚年他在成都编写《唐书》，每天晚上歌舞酒席撤了之后，就吩咐用人，把书房门敞开，挂上帘子，点燃两支大红蜡烛，一边一个美貌丫鬟为他磨墨抻纸。远近看到的人都知道：哎呀呀，快看，宋尚书在编《唐书》了！

瞧瞧人家过的是什么日子？李格非过的又是什么日子？人家是官照当，文章照写，该风流的时候风流，该畅饮的时候畅饮。李格非虽然也是才子，却不是什么"风流"才子。哪怕是几年后李格非的官越做越大，到李清照出嫁之年，还当了礼部员外郎的官，钱也越挣越多，但是节约的好习惯仍然没有改变，并且这种好习惯还被他的女儿李清照继承了下来，带到了她后来的婚姻生活当中。别看李清照是贵族子弟，但她从来不爱戴什么金银珠宝、贵重首饰，也从来不贪吃什么人参燕窝、大鱼大肉，是典型的贵而不娇、富而不侈的本色女人！这在当时的贵族人家，即便不算绝无仅有，也算得上是很有个性了。

再来看看她嫁的丈夫赵明诚。赵明诚的门第比起李清照就更加煊赫了。赵明诚的父亲赵挺之，是当时的吏部侍郎。吏部侍郎，大约相当于今天国家组织部副部长。后来，赵挺之还当上了当朝宰相，那可就相当于国务院总理了。这吏部侍郎比礼部员外郎的权势大多了，权力更大，当然钱也更多。按说，李清照和赵明诚的婚姻应该是锦衣玉食、不愁吃不愁穿的。就算两袖清风的李格非没给李清照什么值钱的嫁妆，赵挺之可不是省油的灯，总不会亏待自己的小儿子，怎么就至于要让李清照夫妻俩穷得差点喝西北风，要经常出入当铺呢？

原来，李清照夫妻的穷，还真不能怪他们的父母袖手旁观，见穷不救。原因呢，出在赵明诚身上。李清照出嫁的时候，赵明诚还只有二十一岁，还是个太学生，"大学"还没毕业呢！今天已经废除了大学生在校期间不准结婚的禁令，这一套禁令在宋代人看来，本来就是多余的。好好做学生倒也罢了，虽然没有收入，靠双方父母的资助，就算不是财大气粗的"太子党"，生活上也绝对不至于要当了衣服才能换口饭吃。可赵明诚偏偏有一个特耗钱的爱好——文物收藏。

文物可不比一般的收藏，动辄价值连城。而且赵明诚对于文物收藏还不是一般的业余爱好，他从小就痴迷这个，那可是达到了专业水准的。他编写的三十卷著作《金石录》，后人把它跟欧阳修的《集古录》相提并论，两人并称"欧赵"。为了收集有价值的文物古董，赵明诚挥金如土，花钱如流水，自己不能挣钱，却特能花钱。因为收购大量的金石古玩，夫妻俩所有的财产几乎都耗尽了。

就这样，两人还不思悔改。没钱花的时候，拿几件好衣服去当铺当了，去古玩一条街换几件文物宝贝，顺便买些点心回家吃。吃点心倒还在其次，关键是买了文物宝贝，夫妻俩要相对把玩好一阵子——都穷成这样了，还穷开心呢。

有一回，一个人拿了一幅南唐著名画家徐熙的牡丹图给赵明诚看，夫妻俩是左看右看，越看越爱，盘算着一定要买下来。但是卖主一开口，要价二十万！夫妻俩哪有那么多钱？就算把所有的好衣服都当了也换不回二十万哪！夫妻俩只好把牡丹图留了几天，天天抚摩、欣赏，最后还是忍痛割爱，让卖主拿回去了。为这事，他俩耿耿于怀，伤心了好久。

就算在这样的穷日子里，李清照还没断了她的好赌成性、好酒成性！李清照本人倒没专门写过什么文章，说她对酒文化如何如何精通，吹嘘自己如何如何海量，就像她写自己好赌一样——废寝忘食、每赌必赢。不过，李清照虽然没有专文写自己好酒，在她的词里面蛛丝马迹可是多着呢。我们如今能读到的清照的词共约 60 首（含存疑之作），提到酒和喝酒的就有 29 首。别看她赌钱从来不输，喝酒却没那么大本事——不是从来不醉，而是一喝必醉！

最出格的一次，她和伙伴们踏青，在家乡济南大明湖上一边划着小船欣赏美景，一边喝酒行令，喝得醉醺醺的，竟然不小心闯进了一望无际的荷花丛中，怎么也找不到回家的路了。慌忙中，李清照拼命划桨"争渡"，想要早点回去，却不料反而惊起了栖息在岸边的一群鸥鹭：

> 常记溪亭日暮，沉醉不知归路。① 兴尽晚回舟，误入藕花深处。争渡，争渡，惊起一滩鸥鹭。(《如梦令》)

这哪里还像个出身名门的大家闺秀，简直就是调皮任性的"问题少女"嘛！估计因为这好酒的"毛病"，李清照给她的家人制造过不少的麻烦。

没结婚的时候，有长辈的宠爱，出嫁以后，又有丈夫的纵容，李清照"好酒贪杯"的毛病非但没改，反而变本加厉了。她不但好酒，而且还好烈酒！李清照写过两句词："险韵诗成，扶头酒醒。"这两句词也明显有自我吹捧的嫌疑：一方面吹嘘自己有才气，敢作"险韵"的诗，也就是专门找一些不经常用的生僻字来押韵写诗；一方面还吹嘘自己有酒胆，敢喝烈酒。"扶头酒"并不是一种酒的名字，像今天的五粮液、茅台酒一样，而是指酒性很

---

① "沉醉"亦可理解为陶醉于美景之中。溪亭，山东济南名泉，亦为地名。徐培均认为此词当作于李清照婚后归宁之时。

烈、让人容易喝醉的酒。古人有句诗："易醉扶头酒"，就是说这种烈酒喝了很容易醉。那为什么要叫"扶头酒"呢？

喝醉过的人大概都有这种经验：喝醉了酒不是头昏眼花、头重脚轻、头疼脑热吗？所以醉酒的人常常要用手扶住东倒西歪的头，于是烈性酒就有了个外号，叫"扶头酒"。

李清照自己酒量不怎么样，还非要逞能喝烈性酒，这一喝，就常常不省人事，睡一宿还醒不了酒。李清照不是有两句很有名的词吗？"昨夜雨疏风骤，浓睡不消残酒。"就是说，昨天刮了一晚上的狂风，下了一晚上的暴雨，我昏昏沉沉地睡了一晚，一觉醒来，昨天喝的酒还没醒呢。

摊上这种好酒贪杯的老婆，做丈夫的是幸运呢，还是不幸呢？赵明诚既然娶了一位才女为妻，那就得有心理准备：才女可不是普通女人，总有些普通女人没有的个性，说不定还是个"女强人"，男人能做的事她不但也要做，而且还要超过男人。其实哪怕今天也还是这样，男人好酒好色好赌倒也罢了，可如果换成女人那就大不一样了，女人如果好赌好色好酒，那就是堕落，是放荡。更何况，李清照不但经常喝得酩酊大醉、不省人事，而且喝酒还有一大嗜好——爱喝"花酒"！

什么叫喝花酒？喝花酒不是男人们的专利吗？李清照她一个女人，怎么喝花酒？其实，这里说的"花酒"，跟今天说的喝花酒不一样，它要按本来的字面意思理解——赏花喝酒。

女人一赏花必定感慨万千。女人如花，女人爱把自己的生命跟花儿相比，花儿有含苞待放的时候，有娇艳盛开的时候，有枯萎凋零的时候。不管是什么时候，女人总是要长吁短叹一番的：昙花一现啊，女人的大好青春就是太短暂！李清照也不例外。李清照写花的词有40多首，当然就少不了"花酒"了：赏菊花的时候，"不如随分尊前醉，莫负东篱菊蕊黄"——菊花开了？喝酒！赏梅花的时候，"年年雪里，常插梅花醉"——梅花开了？喝酒！赏芍药的时候，"金尊倒，拼了尽烛，不管黄昏"——芍药开了？喝酒！……一年四季都有花开花落，那就一年四季都泡在酒坛子里吧！

老是喝醉酒的女人，哪还有什么风度气质可言呢？不管你是大家闺秀、绝代佳人，还是第一女才子，喝了酒可都只有一个反应——晕！可在文学作品中，醉酒的女子，偏偏一个个都风姿绰约、醉态可掬，不用说京剧《贵妃醉酒》里那个风情万种的杨贵妃了，就是南朝宋武帝的女儿寿阳公主的故事，也够风雅的了——传说寿阳公主在梅花下睡着了，梅花轻轻地飘落在她的额上，于是额头上形成了梅花形状的花纹，好几天都没有消掉。后来，天下的女人都学着寿阳公主，在额头上画朵梅花，这就有了古代女子喜爱的"梅花妆"。想想看，以公主的金贵之身，怎么可能随随便便就睡到梅花树底下去？正常情况下是解释不通的，但是酒后呢？那可就难说了……

《红楼梦》的一个女主角史湘云，也是喝多了酒，趁姐妹丫鬟们不注意，偷偷溜出去，一不小心醉倒在花园里，落了一身的花瓣，惹得蝴蝶蜜蜂都围着她转，说着梦话还在行酒令呢："直饮到梅梢月上，醉扶归，却为宜会亲友……"

李清照比这些美女还更有情调，她甚至宣称：对于优雅的女子来说，即便是端着酒杯不喝，也是别有一番楚楚动人的风情的——女子"捧觞别有娉婷"①。

---

① 李清照《新荷叶》："薄露初零，长宵共、永昼分停。绕水楼台，高耸万丈蓬瀛。芝兰为寿，相辉映、簪笏盈庭。花柔玉净，捧觞别有娉婷。　鹤瘦松青，精神与、秋月争明。德行文章，素驰日下声名。东山高蹈，虽卿相、不足为荣。安石须起，要苏天下苍生。"孔繁礼从《诗渊》中录出，收入《全宋词补辑》。

一代才女兼美女，就算喝醉了酒，也要醉得风雅，醉得脱俗，醉得楚楚动人，醉得流芳千古……可才女是流芳千古了，才女身边的丈夫却要受苦了。将心比心，要是哪个男人有一个天天喝醉酒的酒仙妻子，有一个爱打"通宵麻将"的赌神老婆，还不够他喝一壶的？那么，李清照和赵明诚的夫妻生活，到底是传说中的恩恩爱爱，还是情理之中的磕磕碰碰呢？

第五章

绣面芙蓉一笑开——赵明诚求婚

娶一个才女和美女当妻子，那是人生的一大快事。可是，摊上个酒仙和赌神老婆呢？一想想，还不得头皮发麻啊？可是，真碰上一个女人，既是娇滴滴的才女和美女，又是好酒好赌的"男人婆"，这做丈夫的该是什么心情啊？难道一会儿飘在天堂，一会儿又摔在地狱？

赵明诚是何种心情，怕是没办法知道了。也许他会拍着胸脯说"我不下地狱，谁下地狱"？

毕竟这世界方圆万里，纵横千年，就只出了一个李清照。天下美女一大堆，才女一大把，李清照却是"前无古人，后无来者"的唯一！就凭这一点，赵明诚也足够让天下男人羡慕嫉妒恨吧！

不过，别的男人也别嫉妒。俗话说得好，千里姻缘一线牵，很多事情都是命中注定的：不是你的，求也求不来；是你的，躲也躲不掉。赵明诚和李清照的婚姻也是这么回事。

跟那时候的大多数人一样，赵明诚和李清照既不是像贾宝玉和林黛玉一样，青梅竹马，自由恋爱；更不是像司马相如和卓文君一样，你情我愿，自由私奔。他们可是正儿八经的父母之命、媒妁之言。现在的人一说起封建社会、包办婚姻，那可是恨得咬牙切齿，觉得简直是在扼杀人性，惨无人道。贾宝玉和林黛玉就是典型的例子，两个人被活生生拆散后，林黛玉殉情了，贾宝玉看破红尘出家当和尚去了，人间悲剧哪！

　　但是，凡事都有两面性。包办婚姻也有包办婚姻的道理。就说这门当户对吧，现代人老觉得这是势利眼在作怪。灰姑娘可以嫁白马王子，穷光蛋也可以娶公主呢！可那是童话，而且童话从来都不说人家结婚以后的事。所有童话的爱情故事都是在盛大的婚礼这儿画上句号。因为童话作家聪明啊，知道这门不当户不对的婚姻，不管恋爱那会儿多么浪漫多么勇敢，一结婚过日子，问题就全冒出来了：成长环境不同，文化背景不同，思想观念不同，生活习惯不同……几十年的婚姻生活哪，两口子就等着吵吵闹闹、将就凑合去吧。

　　李清照和赵明诚可不一样。礼部员外郎的女儿嫁给吏部侍郎的儿子，都是书香门第，官宦世家，首先这门当户对是没问题了。李清照是当朝第一"文艺超女"，赵明诚是当朝第一"学术快男"，虽然专业不同：一个看家才艺是填词，一个看家本事是修补"破铜烂铁"——当然不是普通的破铜烂铁，那可件件都是有些年头的文物宝贝。著名女词人嫁给著名考古学家，这在当时，也绝对是一门人人都会羡慕得竖大拇指的婚姻。

　　再说，李清照和赵明诚的婚姻虽然是父母之命、媒妁之言的包办婚姻，但是，就凭李清照在当时响当当的名气，赵明诚恐怕早就是李清照的铁杆粉丝——"李子"一族了。不过赵明诚不是一般的追星族，人家追星族追半天"星"，最多做梦弄到一张照片一个签名就心满意足了，或者运气再好一点，能够跟偶像握个手，甚至拥抱一下，那已经是天大的幸福，要激动得几天几夜睡不着觉的。赵明诚可不满足于握个手、拥抱一下，而且那个时候，李清照虽然是大明星，可是男女授受不亲，哪里能像今天一样开放，想跟谁握手就跟谁握手，想跟谁拥抱就跟谁拥抱？赵明诚没别的办法跟自己的偶像亲密接触，干脆就把梦再做大一点——我要娶李清照为妻！

这事可闹大了。那个时候，青年男女是没有自由恋爱、自由择偶的权利的，何况是赵明诚这样门第显赫的官宦人家！那时候的年轻人要是胆敢赤裸裸地说：我想娶某某人为妻，或者我想嫁给某某人，那可是要挨揍的，严重的还会身败名裂，想都不敢想！

例如在《红楼梦》中，林黛玉本来是贾母当心肝宝贝似的疼着的外孙女，可是贾母一听说她和贾宝玉心里存了点那么个意思，马上就说："如今大了懂得人事，就该要分别些，才是做女孩儿的本分，我才心里疼他。若是他心里有别的想头，成了什么人了呢！我可是白疼了他了。"林黛玉听说贾宝玉和薛宝钗定亲后心痛不已，一病不起，贾母不但没有丝毫怜惜黛玉的意思，反而还冷冷地说："咱们这种人家，别的事自然没有的，这心病也是断断有不得的。林丫头若不是这个病呢，我凭着花多少钱都使得。若是这个病，不但治不好，我也没心肠了。"最后，贾母、王熙凤等人瞒天过海，哄着病中的宝玉与薛宝钗成了亲，林黛玉也因此悲痛而亡。

由此可见，在古代，青年男女自由恋爱非但不被允许，而且还很有可能酿成不可挽回的悲剧。

既然自由恋爱有这么严重的后果，那赵明诚该怎么办呢？这两个人，都是名门世家，平时可能连面都见不着，也不可能托人递条子"月上柳梢头，人约黄昏后"，约个吉日良辰私奔，那是小说戏剧里面的情节，现实中几乎根本不可能。

俗话说，兔子急了都会咬人。赵明诚是个"大学生"（太学生），虽然有些书呆子气，可是"大事不糊涂"，一番冥思苦想之后，还真让他想出了个好办法！他也不敢跟老爷子直接说："我是李清照的粉丝，我要娶她做老婆。"那非把他老爷子赵挺之气疯不可！赵挺之可不像现在有的家长一样，子女要追星，家长阻止不了，干脆把家产都卖了，一家子都陪着到处去追。赵明诚要是也敢这么说，等着吃板子吧！于是，赵明诚耍了点小聪明，来了个"曲线救国"。

那段时间，赵明诚父亲赵挺之也正在琢磨呢，小儿子老大不小了，要给他找一门好亲事。合适的人家不少，可就是定不下来。

赵明诚也不明说自己想要谁，假装偶然想起似的，跟父亲说：唉，我睡午觉的时候，做了个梦，梦见一本书。醒来的时候，只记得书上的三句话："言与司合，安上已脱，芝芙草拔。"我想了半天没想明白。父亲，您说，这梦到底是什么意思啊？

赵挺之想了一会儿，说："嗨，傻儿子，这还不简单。这个梦是说你将来要娶个女词人为妻啊！你看，'言'字和'司'合在一起不是'词'字吗？'安'上已脱，'安'字去掉宝盖头不就是个'女'字？'芝芙'草拔，'芝'字和'芙'字都去掉草字头，不是'之夫'？四个字连在一起就是'词女之夫'。这就是说你将来要当女词人的丈夫嘛！"

赵明诚一听，父亲果然中了圈套。他喜出望外，连忙拍父亲的马屁：父亲，您真是太聪明了！我想了半天都没猜出这句话的意思，您这么一说，还真是这么回事儿！

赵挺之虽然是个精明人，可千穿万穿马屁不穿，何况是自己宠爱的小儿子拍的马屁呢？当朝的女词人虽然不止李清照一个，名气最大的，可不就只有李清照一个人？再说了，论年龄，李清照十八岁，未婚，比儿子小三岁，正合适；论出身，两人的父亲是同事，同朝为官，门当户对，真是打着灯笼也难找的好亲事啊！

果然，不久之后，赵挺之就跟李格非提亲了。李格非再三权衡：一方面，自己的官阶在赵挺之之下，吏部侍郎来提亲，得罪不起啊！虽然李格非并不是个势利眼，但现实条件总还是要考虑考虑的。况且，虽然赵挺之为人不怎么样，可赵明诚这孩子勤奋好学，为人诚恳老实，跟他父亲老滑头不大一样。就凭自己女儿那逞强好胜的个性，嫁个老实人正合适。于是，两家一拍即合，赵明诚终于圆了"词女之夫"的梦。

当然，这个故事很可能只是好事者的杜撰，但事实确实是赵、李两家成就了一门天造地设的婚姻。

不过，这里说的"天造地设"仅仅是针对李清照和赵明诚小两口而言，其实，李赵两大家族之间，一直是矛盾重重，并且这些矛盾将来必然要影响到小夫妻的生活。

值得一提的是，在宋代，未婚男女连面也见不着，在这种情况下，赵明诚竟然能成为李清照的粉丝，可见李清照真是太有名了。那么，李清照为什么会这么有名呢？

这首先是因为她出身书香名门，有优良的教育背景，再就是遇上了慧眼识人的伯乐。

李清照的爷爷和父亲，都是北宋著名宰相韩琦的学生。韩琦是北宋不可多得的出将入相的文武全才，与先天下之忧而忧、后天下之乐而乐的范仲淹齐名，并称"韩范"。当时边疆流传一则民谣："军中有一韩，西贼闻之心骨寒；军中有一范，西贼闻之惊破胆。"这"一韩"就是指韩琦，"一范"即范仲淹。韩琦和范仲淹镇守边疆的时候，敌人一听是他们带兵，都吓得不敢轻举妄动！

名师出高徒，在李清照出生的时候，李格非已经学有所成，成了当时著名的学者和作家，是"出镜率"挺高的一大名人。而且后来李格非还一度官运亨通，从一个小县城的"副镇长"，连跳几级，跳到了"教育部"，不但进入了北宋朝廷学术的核心圈，还进入了政治的核心圈。

而李清照的母亲比她父亲李格非的来头还要大。她的母亲是北宋初年汉国公王准的孙女，当朝宰相、岐国公王珪的长女。这样一算，李清照与秦桧的妻子王氏是中表亲。秦桧虽然是个大汉奸，害死了抗金英雄岳飞，可并不代表他的亲戚也都是汉奸。

李格非的妻子王氏是知书达理的大家闺秀。虽然王氏嫁给李格非的时候，李格非还没当什么大官，还窝在小乡镇里当他的副镇长，可他的名士才子风度早就让慧眼识人的王家给相中了。所以李清照自己都说，她父母的联姻是母亲"下嫁"父亲，可见从当时的家世门第来说，李格非确实是高攀了。但后来的事实证明，王氏"下嫁"确实是很有眼光的，就好比选中了一个潜力股，因为没过几年，李格非便时来运转，在仕途上一路飙升，官越做越大了。

李清照的母亲，跟那时候绝大多数女人一样，在历史书上没留下名字，只留下家族的姓氏。但她来头很大，而且也是出自书香门第，按照子女智商取决于母亲智商的遗传学理论，李清照有这样的母亲，也许注定了天赋的才智会成为她一生享用不尽的精神财富。而且，王氏大约也不会像其他循规蹈矩的女人一样，只会教小清照怎么笑不露齿、怎么穿针引线。说不定，出身书香世家的王氏，还在怀胎十月的时候，就已经对肚子里的李清照进行着"床前明月光"的胎教了，这样的胎教以及女儿出生以后在她耳边轻轻哼唱的摇篮曲，也许成了李清照一生冥冥中指引着她的天籁之音。

虽然大家都说，成功是1%的天才加99%的勤奋，可是对李清照而言，没有那1%的天才，光有那99%的勤奋，恐怕也成不了两千多年来中国历史上独一无二的大才女。当然，这1%的天才不仅是遗传的聪明才智，还包括优秀的家庭教育背景。

不过，要是认为李清照投胎在这样的名门世家，而且又生得才貌双全，肯定一出世就有享不尽的荣华富贵，日子过得比蜜还甜，那可就大错特错了。世界上哪有十全十美的人生呢？李清照也没有。

李清照在幼年的时候，便遇到了人生中的第一个大灾难。而且这个大灾难，对于任何一个幼小的孩子来说，可能都相当于天塌下来了。

李清照人生遇到的第一大灾难，是幼年丧母。母亲王氏，还在李格非担任郓城教授的时候就已经撒手人寰，她虽然慧眼识人，却并没有等到丈夫的时来运转，没有享受到夫贵妻荣的福分。换了别的孩子，还是在妈妈怀里撒娇的年龄，可小清照就已经品尝到了人生的第一杯苦水。

当然，童年时代的李清照，不幸中还是有万幸。虽然母亲过早地撒她而去，虽然父亲李格非因为做官的原因要到处奔波，但没有爹妈管教的小清照，大部分时间还可以在爷爷身边度过。她爷爷可不是一般的老头，他可是著名宰相韩琦的学生，凭他的才华当个小女孩的启蒙老师是绰绰有余的，爷爷可以说是李清照成为"童星"的一大功臣。

但是隔代抚养也必然带来一个严重后果，那就是过度的宠爱。尤其是对这个从小没了母亲，父亲又老不在身边的孙女儿，爷爷是看在眼里，疼在心上。溺爱心疼的结果就是：少女时代的李清照像脱了缰的野马似的，养成了天不怕地不怕的个性，什么都敢说，什么都敢做，还不时给家里人制造点小麻烦。什么喝醉酒找不到回家的路啊，偷看闯进家里的陌生男子啊，说不定都是这时候发生的事。小清照时不时制造的这些有惊无险的"意外事故"大概很让家里人伤脑筋。连回家探亲的李格非都发现了：再这样纵容下去，这女儿恐怕将来想嫁出去都难。

为什么这么说呢？李格非想啊：自己好歹也是读书人，是官宦人家，将来找亲家就算不是皇亲国戚，至少也该是书香门第。那时候大户人家讲究的都是夫唱妇随、三从四德，谁愿意娶一个大大咧咧，动不动就喝得醉醺醺的"假小子"呢？这样一想，李格非就觉得，有一件事不得不抓紧考虑了。

事实上，这件事还跟李格非自己有关。妻子去世也有些日子了，自己没人照顾倒也罢了，可女儿不能成为野孩子！女孩子毕竟是女孩子，那时候可不流行什么"中性美"，要扭转李清照这种假小子性格，必须要有一个大家风范的女性来教养她。就这样，为李清照找一个继母的事儿提上了议程。

这找继母，也不是那么容易的事。李格非可是今非昔比了，当了京城的大官，来来往往的都是政界名流、学界权威，给他说媒的、介绍对象的踏破了门槛。以李格非的名气和身份，娶个老婆自然是小菜一碟。不过宁缺毋滥，就因为是名人，所以娶妻更加要谨慎，即使比不上原配妻子那样出身显赫，至少也得是门当户对、温柔贤淑的大家闺秀吧？

也是合该李格非走运，这样的好事还真让李格非给赶上了。在朋友的促成下，他的第二任妻子也出身名门世家，是北宋初期著名的状元王拱辰的孙女儿，性格温柔端庄，琴棋诗画无所不通。连对女人向来很吝啬的正史都留了句话给她，说她"亦善文"，文章写得相当漂亮。而且巧了，这第二任妻子，也姓王。更重要的是，这位继母王氏对李格非前妻的女儿小清照视若己出，将她当作自己的女儿来对待，亲自教她识文断字，照顾她的生活起居。

出生于这样的名门贵族，有这样的遗传因子，有这样成就不凡的父母，李清照她想不成材、想不出名都难啊！这样响当当的家庭教养出来的女儿，而且还才貌双全，他赵明诚就算整个一两耳不闻窗外事的书呆子，只怕也听过李清照的美名吧！

当然，话说回来，也不是每个名门世家的子女都能成才子才女，说不定还会变成鱼肉老百姓的太子党或者不学无术的纨绔子弟呢！李清照想要成为千古第一的著名才女，光有著名父母，那还是远远不够的。而且，做父母的，总不能王婆卖瓜，自卖自夸，到处去跟人炫耀自己女儿如何如何倾城倾国，如何如何才高八斗、学富五车吧？李清照的艳名和才名远播，铁定不是父母吹牛给吹出去的。这其中，还有什么人、什么事，起了重要作用，让赵明诚这个书呆子，做梦都想成为"词女之夫"呢？

孙温《贾宝玉初会林黛玉》

第六章

学诗谩有惊人句——慧眼识珠

年纪轻轻的李清照已经才名远播，把书呆子赵明诚折腾得神魂颠倒。赵明诚甚至还使了点小花招，终于如愿以偿地把这位宋代第一才女娶进了自个儿家门。那么，到底是什么人，这么慧眼识珠，当上了伯乐，发掘出养在深闺里的大家闺秀李清照，并且在李清照和赵明诚之间搭起了鹊桥，成就了一段千古流传的美满姻缘呢？

原来，这个人与李清照的关系，还得从李清照的父亲李格非说起。

李格非官做大了，来往应酬的都是当时的学术权威、政界要人。这其中最大的名人、对李格非影响最大的，是当时无论在文坛还是在政坛都举足轻重的大人物——苏轼。

苏轼不但常常在各种场合夸奖李格非的文章写得好，后来还干脆接受李格非的请求，收他做了学生，李格非成为"苏门后四学士"之一。当时苏轼最有名的四位弟子、号称"苏门四学士"的是秦观、黄庭坚、张耒、晁补之。他们都在朝廷做官，也都和李格非成了往来密切的好朋友。他们经常在一起喝酒游乐，吟诗作赋，讨论国家大事。这一群跟苏轼关系密切的文坛精英、政界精英，都是当时最引人注目的人物。如果说，苏轼是影响李格非一生的重要人物，那么将要影响李清照一生的另外一个人物，也在这群社会精英当中。这个人，不仅是李格非的亲密朋友，而且还成了李清照生命中，除了父亲之外，对她影响最大的第二个男人。

这个重要人物，就是苏轼的得意门生、当时号称"苏门四学士"之一的晁补之。

晁补之在当时也算是个响当当的大人物。他出身显赫，爷爷当过前朝太子的老师，而他自己也因为文章写得好，尤其受到苏轼的青睐。据说苏轼刚到杭州做官的时候，看到钱塘江、西湖这么优美的景致，很想写篇文章赞美一下。没想到晁补之听说文坛泰斗苏轼到了杭州，马上拿了自己一篇描写杭州的文章去拜见苏轼。苏轼一看，拍案叫绝，说："吾可以搁笔矣！"意思是：杭州都让晁补之你这写绝了，我苏轼还有什么写头啊？堂堂苏学士，要是写不过你这名不见经传的晁补之，叫我苏轼脸面往哪儿搁啊？

经苏轼这一夸奖、一提携，晁补之很快就从默默无闻的愣头青，成长为北宋文坛的大名人，并且还和李格非一起在国子监里当起了教授、"博导"。国子监是宋代的最高学府，地位大概相当于今天的北大、清华，能在里面就读的学生大多是皇室贵族子弟。这两人，不仅是同学，又是同事，还是老乡，都是山东人。老乡见老乡，两眼泪汪汪，两人不但关系上比别人更近了一层，而且又都是鼎鼎大名的才子，不免惺惺相惜，感情就非同一般了。他们在京城为官的时候，晁补之经常去李格非家里蹭饭吃，大概是蹭饭的次数太多了不好意思，他便专门为李格非写了一篇文章，叫作《有竹堂记》，赞美李格非家里种的竹子是多么的高雅，而李格非下班回家后又是如何勤奋攻读，以至于著作等身。

在中国文化中，"梅兰竹菊"是"四君子"，经常被用来比喻人的品格高尚。苏轼就有过这样两句诗："可使食无肉，不可居无竹"——平时吃饭可以没有肉，但是住的地方绝对不能没有竹子。竹子象征着主人人格高尚，不同凡俗啊！所以，晁补之这篇《有竹堂记》明摆着是吹捧好朋友、好兄弟李格非，说他不仅学问好，人品也是好得没话说了。吹捧了一通还不过瘾，在文章末尾，他还"厚着脸皮"说："别看兄弟李格非家种了那么多漂亮的竹子，可惜主人小气老是不留客人吃饭，客人也就只好厚着脸皮赖在客厅里不走了，说：'竹固招我。'"意思是："你不留客，可你家的竹子非要挽留我呢。"

除了这篇《有竹堂记》，晁补之还写过诗，说他在李格非家里和主人聊天到半夜，又是喝酒又是写诗，不知道有多痛快！做客能做到深更半夜还"赖"着不走，蹭了饭吃，还恨不得再蹭间屋子睡，这感情，不是比兄弟还要兄弟吗？

既然晁补之和李格非有这么好的私交，那他当然不可能不知道李格非有一个既聪明又漂亮的女儿，他还经常在自己的同事、同学、好朋友那里夸李清照如何如何聪明，诗文写得如何如何漂亮——"多对士大夫称之"。李清照的名声，虽然不见得是靠晁补之一个人打出去的，可凭晁补之在当时的名气，他要老是夸一个人，而且还是夸一个未出嫁的女孩儿家，他交往的那些人，哪个不是风流才子、哪个不是竖着耳朵听他忽悠啊？大家一听说李格非家还有这等才貌双全的闺女，李清照的名声还不是一传十、十传百地沸沸扬扬起来。甚至，传来传去，这个添点油，那个加点醋，还不把李清照传得比真人还神乎其神？

不过，古代讲究男女授受不亲。晁补之就算是比李格非的亲兄弟还要亲，是李清照的长辈，但一个大男人，也不能老是口没遮拦地夸一个女孩儿家如何如何出色吧？总要避个嫌什么的吧？

晁补之还真没避嫌，为什么他就不用避嫌呢？话还得从李格非说起。这个当父亲的，别看自己为人是保守了点，是个不折不扣的正人君子，可对他这个从小就聪明伶俐却又多灾多难的女儿，是又怜又爱，可能从小就没把李清照当成女孩儿家看待，没把那些个"女子无才便是德"的教条强压在她头上，而是采取了相当开明的教育手段。说不定，李清照一出生，就被当成"假小子"来养了。

这是因为李清照是长女。李清照出生的时候，李格非已经36岁。那个时代，男人36岁，都能当爷爷了，可李格非偏偏是个晚婚晚育、优生优育的模范，35岁结婚，36岁才生下这么个女儿，那还不得喜出望外啊？

当然，李格非虽然是个有文化的人，但他毕竟不是生活在21世纪，懂得什么男女平等、生男生女都一样。那时候，人们都是一门心思想生儿子，生了儿子才好传宗接代，李格非再怎么思想前卫，也不可能前卫到一千年以后去。古代人重男轻女的思想可是严重得厉害，生儿子叫"弄璋之喜"："璋"是一种上好的玉，哪家生了儿子，就宝贝似的让儿子睡在床上，给他穿漂亮的衣服，给他上好的玉当玩具。"玉"还代表君子，这说明，生了儿子将来是要读书当大官，是要出人头地、光宗耀祖的。

生女儿可就没那么好命了，生个女儿只能把她扔在地上，随便裹件什么衣服，给她拿片瓦当玩具，叫作"弄瓦"。这个"瓦"不是指房顶上盖的瓦片，而是指女孩子长大以后要用的纺锤。女儿长大了只能大门不出、二门不迈，在家里好好纺线织布做女红，当一个贤妻良母，是不会有什么大出息的。所以谁家生了儿子别人来道贺，都说"大喜大喜"；生女儿呢，就只能安慰安慰，说"小喜小喜"。

李格非36岁才得了这个"弄瓦"的"小喜"，遗憾肯定是难免的。可在当时，李格非又算是个开明人士，好歹自己也是读书人，即便是个女儿，生在自家这样的书香门第，也得像教男生一样教她读书认字，让她懂得做人的道理。所以李清照出生以后，不但要读书作文，父母在场面上的一些应酬交际也偶尔会带上她，让她见见世面，见见那些在北宋文坛叱咤风云的大人物，甚至还有意无意地让她在这些大人物面前露一手。

在这种教育环境下，作为李格非的亲密朋友，晁补之能够经常见到李清照，并且欣赏她的才华就不足为奇了。很可能，刚开始的时候，晁补之还只是时不时在李格非面前夸夸李清照，李格非见晁补之这么欣赏自己的女儿，便顺水推舟，做了个大胆的决定：请晁补之当女儿的家教。晁补之呢，本来就很欣赏李清照，又经常在李格非家里打秋风，人情难却啊，于是这个家庭教师，就这么义不容辞地当起来了。

再说李清照，虽然是个女孩儿家，可学起东西来，一是聪明，二是刻苦，领悟能力比男孩子都强。她对这位学富五车、才高八斗的老师，那可是相当尊敬的。虽然没有文字记载说晁补之都教过李清照一些什么学问，也没有人说起过李清照如何如何佩服她的老师，但是李清照自己写过一篇很有名的文章《词论》，这是词学史上第一篇专门研究宋词的学术论文。

在这篇论文里，李清照将本朝最有名气的大词人几乎全部批评了个遍，洋洋洒洒近千言，痛快淋漓啊：从她师爷爷的师爷爷晏殊起，到她的祖师爷欧阳修、师爷爷苏轼，再到她的师叔师伯们，像秦观啊、黄庭坚啊，没一个逃过了她的批评。且不说这些人个个都是北宋朝廷的政界名人，个个都是大名如雷贯耳的学术界权威，或者国家一级作家、著名词人，就算从辈分来看，他们也全都是李清照的长辈，或者长辈的长辈。天地君亲师，等级秩序摆在那里了，谁都知道封建时代，连皇帝还要尊敬自己父母和祖师爷呢，一个小小李清照却全不将这些伦理纲常放在眼里，她这么一棍子横扫过去，北宋词坛就没一个真正的词人了：柳永？"词语尘下"，太俗！张先、宋祁？"虽时时有妙语，而破碎何足名家"，通篇就那么一两个好句子，离"名家"的标准远着呢！

要说这几位跟李清照还没什么直接关系，批评批评也就罢了，可晏殊、欧阳修、苏轼呢？这三位更不得了，晏殊是欧阳修的老师，欧阳修是苏轼的老师，苏轼是李清照父亲李格非和老师晁补之的老师，这三位关系可够近的了吧？在李清照看来，照样不行：这三人的学问是"学际天人"，没人能够比肩，可写起词来，"皆句读不葺之诗耳"，就只会跟砍柴似的把首整整齐齐的诗砍得长短不齐了，读起来那个别扭劲儿，听着就难受，那也能叫词？至于王安石，那更不行了，别看他文章写得气势磅礴，"若作一小歌词，则人必绝倒"，一写词，别把人给笑死！

这几位也就算了，写词本来不是他们的专业，最多只能算是业余爱好。可是，还有那位写过"两情若是久长时，又岂在朝朝暮暮"的秦观秦少游呢？论辈分，秦观是李清照的师叔，他可是当时最有名的"情歌王子"！据说有的女孩子读了他的词，连他的面都没见过，就愿意为他去殉情啊！可在李清照看来，这秦观的词算什么？"譬如贫家美女"，就好像穷人家的女孩子，就算长了一副漂亮脸蛋，可惜"终乏富贵态"，太小家子气！……

呵，这一棍子横扫下来，李清照言下之意，北宋只有一个货真价实的词人，那就是我李清照！那个狂妄啊！难怪人家要跳起脚来骂李清照是只小蚂蚁，却偏偏想去摇动一棵大树，不自量力嘛！

但李清照其实并不狂妄，她的《词论》敢于横扫北宋几乎所有的词坛大家，是因为李清照批评的出发点在于：她是在坚守"词"这种文体固有的音乐属性。古代的才子才女，往往离不开琴棋书画这四样。李清照也一样，她首先是个音乐通，她不是号称古今第一大女词人吗？词是什么？那可是当时流行歌曲的歌词。

宋词跟今天的流行歌曲有点不一样，宋代的词往往是先有曲调，像《水调歌头》《满庭芳》《念奴娇》，这些都是词牌名，是曲调的名字，有了这些曲调，才有词人按照这个旋律去填写歌词。所以写词跟写诗不一样，写词叫"填词"，就是往既定的曲调里面填写歌词。比如说《月亮代表我的心》，同样的旋律，你可以唱"你问我爱你有多深"，也可以唱"好一朵美丽的茉莉花"……词也是这样，比如同样是《水调歌头》这个词牌，你可以填"明月几时有，把酒问青天"，也可以填"才饮长沙水，又食武昌鱼"。

李清照如果不是音乐高手，如果不了解音乐的基本规律，她就很难成为填词专家。在《词论》里，她提出了一个著名的观点，认为词"别是一家"。也就是说，词和诗、文不一样，词是以音乐为根本属性的，是自成一家的音乐文学。音乐与词，是嘴唇与牙齿的关系，唇齿相依，唇亡齿寒。她不是批评王安石、苏轼这些学术大师写的词不伦不类吗？因为从音乐的角度来看，苏轼这些大家的歌词还真有些地方是不合乐的。不光李清照批评他，就是苏轼自己的好朋友都善意地嘲笑过他，说他的词不是当行本色。

而且，还有很重要的一点，宋代的流行歌曲大多是女歌手演唱的，就像王灼所说的那样，是"今人独重女音"。苏轼有一回得意洋洋问自己的幕僚：嗨，你说说我的词，比柳永的词何如啊？柳永是当时最受欢迎的"流行音乐制作人"，号称"凡有井水饮处，即能歌柳词"。苏轼不服气，因此他要幕僚比较比较他和柳永的词，言外之意其实是：柳永那么俗的一个人，哪能跟自己相比啊！

这幕僚也绝，又不敢得罪上司又不愿说假话，想了一下，很巧妙地回答："柳永的词呢，只适合十七八岁的女孩儿，拿着红牙板，娇滴滴地唱一曲'杨柳岸，晓风残月'。可学士您的词，那可得关西大汉，绰着铁板，高歌'大江东去'。"

这个手下可不是在恭维苏轼，他其实是在很委婉地嘲笑他的顶头上司苏轼——您填的词啊，不符合时代潮流！

苏轼是个大气的人，听了幕僚的嘲笑，不但不生气，反而被逗得大笑不止。因为他知道，幕僚说的是大实话：那个时代，人家就喜欢听（看）十七八岁的青春美少女，哼哼靡靡之音。苏轼那种大气磅礴的豪放词，只能算是时代的"变调"，不是主流。就好像时代风气听惯了邓丽君低吟"小城故事多"，你却偏偏要邓丽君挥着拳头大喊什么"该出手时就出手"，那还不"人必绝倒"？所以，李清照站在一个音乐家、歌词高手的角度，批评苏轼、王安石这些一流作家，绝对不仅仅是因为她的狂傲自负，而是从歌词专家的角度进行的学术争鸣！

不过，先撇开李清照的狂妄不谈，值得注意的是，这《词论》中批评了那么多一流大家，怎么偏偏漏掉了当时的著名大词人晁补之呢？《词论》里可是连晁补之的叔叔她都没漏掉啊！晁补之填词的名气可比他叔叔大多了，他的词"神姿高秀，与苏轼可以肩随"，很多人认为他的水平跟他老师苏轼不相上下呢。

原因只可能有两个，要么是因为晁补之水平实在太高，高得连挑剔的李清照都挑不出一点儿毛病；要么是因为李清照再怎么狂妄，尊师重教的道理还是懂的。按李清照的性格，既然她认为自己是当朝词坛独一无二的头号种子选手，连师爷爷苏轼都没放在眼里，她应该绝对不愿意承认晁补之填词的水平比自己还高。但晁补之毕竟是她耳提面命的恩师，她能写得出当朝第一、天下无二的文章诗词，晁补之没有功劳也有苦劳啊。没办法，只好回避。这大概就是《词论》里为什么没有出现晁补之大名的重要原因了。

不管怎么说，李清照的名气越来越大，跟晁补之或多或少是有关系的。老师提携自己的学生，那是天经地义的。的确，在当时，能把女学生培养成宋代第一女词人的，还只有他晁补之一人！李清照再是匹"千里马"，没有"伯乐"的调教，也会被埋没在普通的马群中。这样一想，晁补之能不得意，能不在人前人后，好好夸夸李清照吗？

再说，那时能收女学生的男老师可不多，别说男老师收女学生难上加难，就是女老师，想收个把女学生都难哪！从这一点上说，李清照确实是太幸运了。当然，李清照最大的幸运，还是出现在她以后的婚姻生活中……

附李清照《词论》：

> 乐府声诗并著，最盛于唐。开元、天宝间，有李八郎者，能歌擅天下。时新及第进士开宴曲江，榜中一名士，

先召李，使易服隐姓名，衣冠故敝，精神惨沮，与同之宴所，曰："表弟愿与座末。"众皆不顾。既酒行，乐作，歌者进，时曹元谦、念奴为冠，歌罢，众皆咨嗟称赏。名士忽指李曰："请表弟歌。"众皆哂，或有怒者。及转喉发声，歌一曲，众皆泣下。罗拜曰："此李八郎也。"

自后郑、卫之声日炽，流靡之变日烦。已有《菩萨蛮》《春光好》《莎鸡子》《更漏子》《浣溪沙》《梦江南》《渔父》等词，不可遍举。五代干戈，四海瓜分豆剖，斯文道熄。独江南李氏君臣尚文雅，故有"小楼吹彻玉笙寒""吹皱一池春水"之词。语虽奇甚，所谓"亡国之音哀以思"也。

逮至本朝，礼乐文武大备。又涵养百余年，始有柳屯田永者，变旧声作新声，出《乐章集》，大得声称于世；虽协音律，而词语尘下。又有张子野、宋子京兄弟，沈唐、元绛、晁次膺辈继出，虽时时有妙语，而破碎何足名家！至晏元献、欧阳永叔、苏子瞻，学际天人，作为小歌词，直如酌蠡水于大海，然皆句读不葺之诗尔。又往往不协音律者，何耶？盖诗文分平侧，而歌词分五音，又分五声，又分六律，又分清浊轻重。且如近世所谓《声声慢》《雨中花》《喜迁莺》，既押平声韵，又押入声韵；《玉楼春》本押平声韵，又押上去声韵，又押入声。本押仄声韵，如押上声则协；如押入声，则不可歌矣。王介甫、曾子固，文章似西汉，若作一小歌词，则人必绝倒，不可读也。乃知别是一家，知之者少。后晏叔原、贺方回、秦少游、黄鲁直出，始能知之。又晏苦无铺叙。贺苦少重典。秦即专主情致，而少故实。譬如贫家美女，虽极妍丽丰逸，而终乏富贵态。黄即尚故实，而多疵病，譬如良玉有瑕，价自减半矣。

第七章

云中谁寄锦书来——一种相思

李清照很幸运，不仅仅幸运在她出生于一个思想开明的书香之家，还幸运在她遇到了一个道德、文章都堪称上品的老师。为什么说她比别的女人幸运呢？拿她跟同时代的女性作一下对比，就知道李清照的才华确实是来之不易。

南宋的时候有位孙夫人，据说小时候颇有点李清照那样的才气。当时李清照已经是宋代家喻户晓的女才子了，她见这小女孩很聪明，便想收她做学生。要按常理推测，能成为李清照的学生，是多少女孩子做梦都想的事儿啊！可没想到，这女孩儿很严肃地回答了她一句："才藻非女子事也！"这分明是狠狠地给了李清照一耳光嘛！我好心好意想收你做学生，换了别人巴不得呢，你不但不表示感谢，还来这么一句：读书不是女人家的事！看上去，好像只是一句冠冕堂皇的理由：女子无才便是德嘛，这道理谁都懂。问题是，你谦虚一下，说自己资质太差，学不好，委婉谢绝人家的好意也就罢了，却偏偏用这种话去堵当代第一才女的嘴，那不是换了种方式去骂她不务正业吗？换了谁都受不了这种讽刺啊！

更具讽刺意味的是，南宋的大诗人、大文豪陆游，在为这位孙夫人写墓志铭的时候，是把这个故事中的孙夫人当成正面人物来赞扬的，认为她很懂得做一个好女人的道理：女人家要安守妇道，诗啊词啊，那是男人们的事，你们女人家瞎掺和什么？可见，在当时，这是很普遍的看法。

女子无才便是德的观念，可以说是贯穿了整个封建时期。在《红楼梦》中，薛宝钗有一段教训林黛玉的话："咱们女孩儿家不认得字的倒好。男人们读书不明理，尚且不如不读书的好，何况你我。就连作诗写字等事，原不是你我分内之事，究竟也不是男人分内之事。男人们读书明理，辅国治民，这便好了……你我只该做些针黹纺织的事才是……"

"才藻非女子事也！"李清照听了这样的拒绝，不知道她会做何感想。但是不难猜到，满腹经纶的宋代第一才女，恐怕也是宋代最寂寞、最无人能懂的女人吧。

当然，李清照又是个非常幸运的女人，在女性地位那样卑贱的时代，她却有幸生在了一个开明的家庭里，遇到了一个开明的老师，而且更幸运的是，她后来还遇到了一位开明的好丈夫——赵明诚。

可以想象，把美貌才女娶进家门之后，赵明诚喜不自禁。做梦都想的一位女明星、美女作家、心目中高不可攀的女神，一不小心居然成了自己怀里的娇妻，换了哪个男人，还不都乐傻了，以为还在做白日梦呢。

但宋代男人娶妻娶的都是"三从四德"之人，娶个才女受得了吗？更何况，这个才女还不是一般的赏点花、吟点诗就能打发的主，人家能喝会赌，赵明诚他一个书呆子能招架得住？才女妻子进了门，赵明诚的书呆子生活会发生什么样天翻地覆的变化呢？

赵明诚娶了李清照，别看面子上是大大地风光了一把——当代赫赫有名的绝色才女，做梦都想的人可不止他赵明诚一个。别人想见一面比登天还难，偏偏这朵鲜花让他掐到了手，这赵明诚走出去，背后还不都是嫉妒的眼光！

可赵明诚也有难言之苦啊！这第一难，是当美女的丈夫难！第二难，是当才女的丈夫难！人家都说，娶个美女为妻要少活几年。又怕美女妻子没伺候好，人家一不高兴，就给你一个后脑勺，实施"冷暴力"；又怕美女妻子太招摇，一不留神就让别人挖了墙脚去。这一长期紧张，还不精神忧郁，要折几年寿去？

不过，傻人也有傻福，要搁在今天，赵明诚还真有可能得个时髦的"精神抑郁症"，患得患失。可在宋代，他完全可以高枕无忧。因为宋代可不是 21 世纪，女人再怎么美，再怎么有才，也只能老老实实在家待着，她既不能打扮得婀娜多姿地去写字楼当白领，又不能涂脂抹粉、袒胸露背地去酒吧"愈夜愈美丽"，更不能到灯光耀眼的舞台上去扭腰晃臀招惹海量眼球。她那点豪饮豪赌的本事，也只限于"闺房雅戏"，只限于名门世家中的几个亲朋好友。因此赵明诚压根儿就不用担心被美女妻子炒了鱿鱼去，在那个社会中，李清照就算是个能上天入地、大闹天宫的孙悟空，他赵明诚一个大男人，那就是如来佛——随你孙悟空怎么蹦跶吧，也跳不出我的手掌心。

当然，李清照不是孙悟空，赵明诚也不是如来佛，李清照可从来没想过要炒赵明诚的鱿鱼。她非但从来没想过要跳出"如来佛"的掌心，两人反而像糨糊似的，你中有我，我中有你，你离不开我，我离不开你！赵明诚结婚两年后就大学毕业了，一毕业就要分配工作。宋代人可没现在的人这么幸运，分配工作是双向选择，如果你不想离开大学热恋的女朋友，想去她身边工作，那你就去她那个城市找工作去，找不到工作誓不罢休。可宋代不行，大学生毕业以后的工作是要由朝廷分配的。宋代大学生分配工作，有点儿像今天的军校毕业生，一戴上国徽，那你的身子骨儿可就全交给国家了，国家让你去哪儿，你就得昂首挺胸去哪儿。

赵明诚大学毕业也是这样。当然，赵明诚跟一般的大学毕业生还是有很不一样的地方——他有后台，而且，这后台还不是一般的后台。要按今天的话说，那就是：我在国务院有人啊！这"人"，不是八竿子打不着的七大姑八大姨的远房亲戚，而是自个儿的亲爹。

李清照和赵明诚结婚的时候，赵挺之还是吏部侍郎，没多久，就当了宰相。一个堂堂宰相，安排小儿子的工作还能成问题？所以，赵明诚可是大大沾了亲爹的光。本来，按宋代的制度，光读了大学毕业还不能当官，还必须参加科考，考上了才能挂个号，等着哪个职位空缺了，再按级别给补进去。如果要按正常途径走，赵明诚还不一定能考得上。因为赵明诚虽然读了大学，可他的兴趣、精力大部分放在金石考古上头了，宋朝科考是以文章为主，史料上只说赵明诚是个金石考古专家，可没说过他文章做得多么好。

托了父亲的福，赵明诚一毕业便顺顺当当地戴上了乌纱帽。这一当官，就可以享受北宋朝廷的丰厚俸禄了。别看宋朝军事上没什么大作为，对文官那可是优待得不得了。宋朝是个很特殊的朝代，它上不同于文武并重的唐朝，下不同于重武轻文的元朝。宋朝的开国皇帝赵匡胤，因为自己在陈桥发动兵变，被部下"黄袍加身"，假惺惺地说自己本来不想当皇帝，是被部下逼得不得不当皇帝的。所以，他一旦坐了天下，也生怕部将们仿效他的办法夺取皇位，就迫不及待地导演了一场"杯酒释兵权"的戏，让手握重兵的开国元勋们一个个自动退休，回家养老去了。

"杯酒释兵权"表面上只不过是喝了一顿酒、聊了一次天，可它定下来的是宋代三百多年来重文轻武的基本国策。"重文"有好处：文人地位特别高，待遇又优厚。高薪养学是当代多少文人的梦想啊，宋代就做到了，所以，宋代文人可以安安心心地做学问，写文章，弘扬中华文化。华夏的文明，经历了上千年的演变后，在赵宋王朝算是达到了登峰造极的程度。所以人们都说：做文人，那就得做宋代的文人。宋代文人只要当了官，第一是地位高，犯了罪不会杀头；第二是薪水高，除了自己的妻室儿女，再养一大帮歌儿舞女都不成问题；第三就是学问高，有了钱和地位作坚强后盾，出去做人挺得起胸，回家老婆不吵着让你出去挣钱，可不就能一门心思"之乎者也"了吗？

宋代文官享受到了文人梦寐以求的尊严，幸福指数大大超越了前朝。北宋当了大官的范仲淹，晚年曾经写信给自己老家的乡亲，说：你们别看我现在衣锦还乡、前呼后拥的，派头大得很，其实我当初还不是跟你们一样，也是一个身无分文的穷小子？所以啊，你们都别羡慕我了，赶紧好好读书吧。读好了书，考上了学，你们都会像我一样，好车子会有的，好房子也会有的，享不尽的荣华富贵啊！①

赵明诚也一样，大学一毕业当了官，好吃的好喝的就都有了。夫妻俩再也不用经常跑当铺当衣服换点心吃了，收购金石

---

① 范仲淹《留别乡人》："长白一寒儒，荣归三纪余。百花春满路，二麦雨随车。鼓吹罗前部，烟霞指旧庐。乡人莫相羡，教子苦读书。"

古玩的钱也有了，小日子也过得越发滋润了。但是，因为公务的原因和官职的调动，或者为了到处去寻访碑刻文物，赵明诚和李清照也开始有了时不时的小别。这一分别，赵明诚还罢了，他有事业缠身，有一帮同事朋友要交际应酬，还不至于太寂寞；可李清照一个人被扔在家里，她虽然大有追求自由的女权意识，可再怎么女权，也越不过那个时代的大风气，总不能天天抛头露面、呼朋唤友、酗酒豪赌吧？她可是李清照，名门之后，再怎么出格，也还是知书达理的大家闺秀，丈夫一走，孤枕难眠，又不可能像潘金莲一样站在大街上给人乱抛媚眼，怎么办呢？她只有一个办法，那就是写情书。

宋代青年男女不能自由恋爱，结婚之前不敢写情书，更没有手机发短信传情，要是换了别的"无才便是德"的良家妇女，这相思之苦自个儿咽下去也就算了，最多等丈夫回来撒撒娇。可李清照偏不，她是才女，才女的做派就是跟一般人不同。丈夫走了，想要我独自一个人忍受寂寞？没门儿！写封情书给丈夫，一方面是要让他放心，"我的心里只有你"，你走多远，我李清照都不会变心；一方面也是给他提个醒儿："路边的野花不要采"，采了你会伤我的心。她最有名的情书正是下面这首词：

> 红藕香残玉簟秋。轻解罗裳，独上兰舟。云中谁寄锦书来，雁字回时，月满西楼。　　花自飘零水自流。一种相思，两处闲愁。此情无计可消除，才下眉头，却上心头。（《一剪梅》）

词里面说得清清楚楚："红藕香残"，是说荷花已经凋谢了；"玉簟秋"，靠着竹席的时候，才猛然发现季节变了，肌肤接触到竹席已经觉得冷了，这说明已经是萧瑟的秋天。不过，最难忍受的还不是季节的萧瑟，最难忍受的是两地分居啊！

李清照的心思十分巧妙。这首词的第一句看上去好像只是在写景色，交代季节的变化，可是细细一回味，就会发现李清照可不是这么简单的女人。在给赵明诚的情书里，她第一句就在暗示他：你看，自从和你分别后，我想你想得魂不守舍，连秋天到了都没注意到，床上还垫着竹席，忘了换季呢！

试想赵明诚一打开信，看到这第一句，还不感动得鼻涕一把泪一把？这聪明的妻子，一箭双雕啊！一个"秋"字就给赵明诚提了两个醒儿：先是提醒他，春去秋来，别忘了离开家里有多长日子了，别乐不思蜀；然后又提醒他，家里的娇妻想你都想得这样失魂落魄了，天冷了连被褥都不记得换，你摸摸自己的心问问："我"还是不是你最疼爱的女人？

接下来两句写得更绝："轻解罗裳，独上兰舟。"我想你想得如此辛苦，总得想个办法排遣排遣吧？按李清照的性格，排忧解闷儿的法子一定不少，比如说，喝他个一醉方休；比如说，赌他个三天两夜……可老这样也没意思。就说赌博吧，李清照可是个"东方不败"的赌神，打遍天下无敌手，谁敢老是跟她赌啊？那还不是肉包子打狗——有去无回嘛！再说这喝酒，李清照的词里面倒是经常提到喝酒，可喝酒消愁也只是暂时的事儿，李白有两句诗说得好："抽刀断水水更流，举杯消愁愁更愁。"喝酒肯定不是个长久之计，喝得云里雾里是可以暂时忘掉烦恼，可身体吃不消啊，喝出脂肪肝伤了身体可都是自己的事，谁也代替不了！再说，喝酒还不得有醒的时候？醒了以后，不光是想人想得心疼，再加上喝酒还喝得头疼，心疼加头疼，可不就是李白说的愁上加愁了吗？

另外，还有更重要的一点：和丈夫小别没几天，你写封情书去，动不动说自己又喝了"扶头"的烈酒，醉得个昏天黑地；

或者又赌了几个通宵，数钱数得手都软了，还不把丈夫给吓得不敢回家了？那不是南辕北辙了嘛。所以，李清照这回玩点儿高雅的：换上轻便的衣服，挽起裙袂，租条漂亮的小船，划船郊游去。可划船郊游这么普通的事，李清照偏偏别出心裁，安排了个"独"字。"独上兰舟"①，这分明是在告诉赵明诚：虽然我是耐不住寂寞，想要出去玩，可我是"一个人"去的啊！她一面说自己害相思病如此辛苦，一面还没忘记再给丈夫喂一颗定心丸。

"云中谁寄锦书来？雁字回时，月满西楼。"② 这是这封情书里面最美的一句，也是含义最深的一句。古人认为鸿雁可以传书，南来北往的大雁是最敬业爱岗的邮递员。李清照划着小船出去郊游，因为心里惦念着远游的丈夫，竟然提不起一点儿欣赏美景的兴致，只注意到了天边飞过的一行大雁。一看到大雁，又情不自禁想起了鸿雁传书的故事③，情不自禁地想起了自己的丈夫：唉，要是这群大雁带回来丈夫的情书该多好！要是这群大雁带回来的情书是要告诉自己，丈夫不久就要回家和自己团聚了，那该多好！"月满西楼"，如水的月色洒满西楼，既暗示了"西楼"的空闺寂寞，又含蓄地表达了词人对夫妻团聚的渴盼。

短短几句词，一语双关，一箭三雕，还要转好几个弯才能

---

① 一说"兰舟"为"床"的雅称。

② 锦书：《晋书·列女传》："窦滔妻苏氏，始平人也，名蕙，字若兰。善属文。滔，苻坚时为秦州刺史，被徙流沙。苏氏思之，织锦为回文旋图诗以赠滔，宛转循环以读之，词甚凄婉，凡八百四十字。"后世多指夫妇、情侣间书信为"锦书""锦字"。

③ 《汉书·苏武传》载，苏武被囚于匈奴时，让汉朝使者告诉匈奴单于，说汉天子在上林苑打猎时，射中一只大雁，足上系帛书，写有苏武等人被囚之地，苏武于是得救。

让人弄明白李清照到底是什么意思：明明是自己想借郊游来排遣思念丈夫的痛苦，明明是自己写情书向丈夫倾诉相思之苦，可偏偏要让丈夫看了还不得不内疚一下：你看，我都写信给你了，可我等啊等啊，等来那么多次大雁的南来北往，就没等到你给我的一个字啊。月亮又圆了好几回了，可你我还是牛郎织女呢！这情书里，可不就是相思中还带着那么点儿幽怨吗？

"花自飘零水自流"，接下来的这句，那点儿幽怨的意思可就更明显了。"花自飘零"，是呼应第一句的"红藕香残"：荷花谢了，枯萎的花瓣落在水面上，随着水流四处飘散，香消玉殒。李清照一方面是感叹花的飘零，一方面也是再一次暗示赵明诚：你的妻子也像花儿一样，再美的花朵也会有凋零的时候；而时光就像这无情的水流，带走了我的青春岁月，一去不复返了，你可要好好把握现在，别辜负了我的青春美貌啊！

"一种相思，两处闲愁。"李清照到底还是怕赵明诚这个书呆子，看不懂自己一而再、再而三的暗示，在情书快要结尾的时候，忍不住干脆挑明了说：但愿我的相思不是自作多情的单相思，希望你也跟我一样，虽然人在两处，心也要在一起！希望你想念我，是跟我想念你一样的刻骨铭心啊！

既然已经都挑明了，最后三句，李清照也不再遮遮掩掩、羞羞答答了："此情无计可消除，才下眉头，却上心头。"之前她因为难以忍受相思的折磨，所以才"独上兰舟"，想去郊游散散心。可是，这浓浓的相思之情，是任何娱乐都排遣不了的，赵明诚这个人，也是任何人都代替不了的。"才下眉头"，李清照是想强颜欢笑，把因为思念而天天皱着的眉头舒展开来，可是思念却又悄悄地转移到了心头。原来，这相思是无孔不入、无处可逃的折磨……

试问哪个男人收到这样情意绵绵、这样大胆的表白会不动心，会不立马收拾行装、打道回府？外面的世界再精彩，我还是先赶回去安慰娇妻要紧吧！

所以说，娶个美女妻子还好对付，娶个才女妻子还真不好对付。她脑子里转几个弯，你也得跟着转几个弯，转来转去还不转晕了？人人都说，女人的心思难猜，何况还是天下绝顶聪明的第一才女的心思呢？赵明诚啊，你就慢慢受"折磨"去吧！

不过，难道赵明诚就是个吃素的，被才女老婆牵着鼻子走？的确，娶个才女当老婆是挺辛苦，这没错。但赵明诚是苦也苦得，乐也乐得。他和李清照的婚姻，套用一句时髦的话说，那就是"痛，并快乐着"！

第八章

莫道不销魂——妇唱夫随

古人喜欢将夫妻恩爱说成"举案齐眉""夫唱妇随"。好女人就应该伺候好丈夫，相夫教子，把丈夫当成天，安心扮演好贤妻良母的角色。不过，那是指一般的女人，可不是指李清照这样的才女。才女之所以成为才女，绝对不仅仅是因为她能够写几首漂亮的诗词，还因为她有一般人没有的个性。李清照就是这样一位不同寻常的个性女人：好酒怎么了？好赌怎么了？好色又怎么了？"酒色财气"只是一种形式，形式后面突出的是一种精神。尤其是在一个普遍以三从四德、夫唱妇随为基本道德准则的社会，一个女人，要追求精神的自由，首先就不得不从形式上叛逆。任何精神，一定是需要用某种特定的形式来做载体的。你不是要女人笑不露齿吗？我偏要嬉笑怒骂、痛快淋漓，让男人们在一边暴跳如雷；你不是要女人行不露趾吗？我偏要打扮得性感妖媚，摆几个撩人的姿势，说几句掏心窝的情话，我自个儿高兴，随便你们背后怎么嚼舌头；你不是要女人无才便是德吗？我偏要纵横古今、学富五车，巾帼不让须眉，让一帮自以为是的男人们郁闷甚至嫉妒……

当代女诗人舒婷说得好，女人不是藤，要缠着树才能活得好。女人也是树啊，想怎么长就该怎么长，那才是女人应该真正追求的理想境界。要是所有的女人都有这觉悟了，其实别说女人自由了、幸福了，这男人，他也一样自由了、幸福了。要不，老是被藤缠得紧紧的，他自己难道不烦？

当然，这样的觉悟，只有到了当代的女人和男人才有。李清照可从来没承认过自己是女权主义者，再说了，那会儿压根还没"女权"这个词儿呢。可李清照的行事做派，本质上的确很"女权"。赵明诚娶了"女权"的李清照，到底是自由了、幸福了，还是痛苦了、郁闷了呢？

也许他两者都有，"痛，并快乐着"。快乐，是主流；痛，是支流。那么，娶个才女妻子，除了老是要受到她含情脉脉的"骚扰"之外，赵明诚还要忍受哪些"痛苦"呢？

赵明诚是考古学家，李清照是作家，两人专业不同，才艺不同，生活情趣也不同。考古学家热衷于修修破铜烂铁、补补古书字画；作家呢，尤其是女作家，满脑子幻想，多愁善感，动不动就要伤春悲秋、吟风弄月。如果两人一个修修补补、一个写写画画，相安无事倒也罢了。可李清照不是个"安分守己"的女人，自己多愁善感，写写画画也就算了，偏偏还小资得很，春天要去踏青寻芳，冬天要去踏雪赏梅，自己摇头晃脑填词赋诗还觉得不过瘾，非拉上赵明诚陪着一起去。比如说，冬天下雪的时候，李清照爱披个蓑衣、戴个斗笠什么的，去郊外赏雪，寻找写诗填词的灵感，写完还一定要赵明诚和上几首，"明诚每苦之也"——让赵明诚鉴别个古董文物还行，写诗填词可是把他给愁坏了。眼见着妻子出口成章，文思泉涌，娇滴滴的目光充满期待地看着自己，自己却抓耳挠腮半天憋不出一字半句来，赵明诚真恨不得找个地洞钻下去——男子汉大丈夫，在老婆面前丢了面子，羞愧啊！

按理说，人各有长，丢一两回面子倒也没什么，问题是，长此以往，每次都在才女妻子面前甘拜下风，低人一等，赵明诚的大丈夫面子往哪儿搁呀？这么一想，赵明诚是越想越不服气，总想逮个什么机会"咸鱼翻身"，也好镇镇老婆那得意的气焰。这么等啊等啊，终于让他等着了一个好机会。

这不，赵明诚在外地做官的时候，留守在家的妻子又写情书来了：

　　　　薄雾浓云愁永昼，瑞脑销金兽。佳节又重阳，玉枕纱橱，半夜凉初透。　　　东篱把酒黄昏后，有暗香盈袖。莫道不销魂，帘卷西风，人比黄花瘦。(《醉花阴》)①

妻子又寄信来暗示自己了："每逢佳节倍思亲"，重阳节了，人家夫妻都团圆了，你怎么还把我一个人抛在家里呢？我一个人睡觉，半夜都被冻醒了——"半夜凉初透"！这是多凄凉、多让人心疼的一个弱女子啊！

重阳赏菊，本是传统习俗，风流浪漫的李清照自然不会放过这赏花喝"花酒"的好时节，然而，菊花的幽幽暗香萦绕在李清照的怀袖之中，却只会更让她感叹形单影只的自己，"便纵有千种风情"，又能与谁分享呢？

―――――――――

　　① 大观二年（1108），九月重阳，明诚与妹婿李擢游仰天山。徐培均笺注认为此词或作于赵明诚至仰天山罗汉洞观月，时李清照独居青州归来堂，重阳赏菊，无人相伴，故作此词，以抒发寂寞无聊之感。

尤其这首词的最后三句，那可是千古流传的名句："莫道不销魂，帘卷西风，人比黄花瘦"。李清照不是外号"李三瘦"吗？这句"人比黄花瘦"便是其中最经典的一"瘦"。想丈夫想得茶不思饭不想，眼看着人一天天消瘦了，把门帘卷起来一看，连院子里的菊花比人还显得丰满几分呢。正所谓"衣带渐宽终不悔，为伊消得人憔悴"，一个留守妻子的寂寞无助、期待丈夫疼爱的形象跃然纸上。

赵明诚这回是彻底服输了，即便嘴硬不肯承认，也不得不暗地里对爱妻的才华佩服得五体投地。据说，赵明诚看到这首词，既佩服又担心，佩服的是妻子的才气；担心的是，妻子隔三岔五写这些一往情深的词寄给自己，来而不往非礼也，自己总不能老是既来之，则受之，好歹也要表示点什么吧？

这回，赵明诚可是铁了心要好好表现一下了。他把书房门一关，对家人说：不管谁来都不要打扰我，我谁都不见。这么着，硬是把自己在书房关了三天三夜，不吃不睡，摆出一副悬梁刺股、卧薪尝胆的架势，发誓一定要写出一首超过老婆的词来。功夫不负苦心人，不鸣则已，一鸣惊人，三天过后，还真让他憋出五十首词来。

赵明诚是志在必得：别看你出口成章，没什么了不起！你写一首词，我和它个五十首，总有几首比你强的吧？看你以后在我面前还怎么趾高气扬！

这么一想，赵明诚心里那个乐啊！不过，他还是有点不放心，毕竟，平时被老婆的才气压抑得太久了，自信心已经很可怜了。为了保险起见，他决定先给自己的好朋友看看，评论一下。于是，他把五十首词工工整整地誊写了一遍，再把李清照寄给自己的那首词也重新誊写了，夹杂在一起，拿给一位好朋友看。

这位好朋友见赵明诚这么郑重其事，也不敢怠慢，赶紧将这五十一首词，仔仔细细、认认真真地琢磨了好几遍，最后，对赵明诚说：

这五十一首词啊，我看来看去，其中三句写得最好。

赵明诚心中一喜，连忙问：哪三句啊？

好朋友又将这五十一首词翻来覆去地看了半天。赵明诚急了，一迭声地追问："快说快说，别卖关子了，到底是哪三句最好啊？"

好朋友这才慢条斯理地回答他：

我看啊，就只有这三句最好：莫道不销魂，帘卷西风，人比黄花瘦！

赵明诚一听，当场就气得差点晕过去。[1]

咸鱼翻身的机会，就凭好朋友这么一句话，飞得影儿都没有了。赵明诚那个垂头丧气啊！说不定，一气之下，把自己三天三夜不吃不睡憋出来的五十首大作全给撕了。

赵明诚也不傻，娶了才女老婆，老老实实认栽吧，难道还能留着白纸黑字的证据，让一千年以后的人笑话他怕老婆不成？就这么着，后世只能读到李清照的"莫道不销魂，帘卷西风，人比黄花瘦"。至于赵明诚的词，那是一首都找不着了。

不过，难道赵明诚娶了宋代第一大才女，就真的只能一天到晚被才女老婆牵着鼻子走，哑巴吃黄连——有苦说不出？李清照是才女不错，可赵明诚也不是凡夫俗子啊！除了他们各自

———————

① 按：赵明诚和作五十首之典故载于元伊世珍《琅嬛记》引《外传》："易安以重阳《醉花阴》词函致明诚。明诚叹赏，自愧弗逮，务欲胜之。一切谢客，忘食忘寝者三日夜，得五十阕，杂易安作，以示友人陆德夫。德夫玩之再三，曰：'只三句绝佳。'明诚诘之，曰：'莫道不销魂，帘卷西风，人比黄花瘦。'政易安作也。"王仲闻与徐培均均认为此故事或属虚构。

在事业上都有一番杰出的成就，在夫妻的日常相处中，赵明诚的聪明也绝不在妻子之下。

赵明诚也有他可以骄傲的地方。妻子是才女不错，可我也不差啊！术业有专攻，你擅长吟诗填词，比我名气大得多是没错。填词我赶不上你，文物考古我可是专家，井水不犯河水嘛。

赵明诚清楚地知道，才女妻子肯定跟一般女人不同，不会在丈夫面前老是低眉顺眼。别人娶妻是娶一个管家婆，娶一个传宗接代的工具；可赵明诚娶的不仅仅是一个妻子，更是一个志同道合的朋友。凭这一点，他就有足够的资本让天下的男人羡慕上一千年！

别看"朋友"二字说起来容易，可在那个时代，夫妻间能做"朋友"的，掰着手指头都能数得清。因为那时候，女人大多数没什么文化，头发长见识短还真是事实。做丈夫的呢，却要寒窗苦读，一朝得志当了官，成天接触的都是些场面上的人物，哪里还把家里的黄脸婆放在眼里？宋代的男人，"朋友"一般主要有两个来源：一是同学和同事，一是青楼女子。

不过，同学和同事好理解，妓女不是男人们消遣解闷儿的玩物吗？怎么还能成为堂而皇之的朋友呢？

原来，宋代的妓女，一般都是经过严格的职业训练的。良家女子讲究"女子无才便是德"。青楼女子却是琴棋书画、诗词歌赋无所不通，人们形容真正优秀的妓女，往往喜欢用这四个字："色艺双绝"。其实，在"色"和"艺"当中，可能"色"还在其次，关键在"艺"。因为美女容易找，美貌加智慧的才女可就不那么容易找了。对妓女来说，尤其是这样：仅仅用美貌来吸引男人的眼球只可能是一时的，还必须得用才智来拴住男人的心。

事实上也确实如此，别看宋代好像是一个"爱情至上"的时代，翻开《全宋词》，几乎都是在写情啊爱啊，好像上下几千年中国男人的爱情，全都在这一个朝代挥霍光了。可那些一往情深的爱情几乎全是送给青楼女子的，送给家里"黄脸婆"的却是寥寥无几。

人们常常说唐朝是中国诗歌的黄金时代，可爱情诗歌的黄金时代，还得首推宋朝。宋词之所以能够被称为宋朝"一代之文学"，成为那个朝代文学成就的最高代表，妓女是头号功臣。在良家妇女普遍不能接受文化教育的时代环境下，青楼女子反而成了特定时代女性文化的代言人。正像马克思、恩格斯评价希腊雅典的一些优秀妓女一样，说她们"是受古人尊崇并认为她们的言行是值得记载的唯一的妇女"。也有中国的学者认为"古今最不守旧，随时代风气为转移者，莫如娼妓。……我看唐宋元诗妓、词妓、曲妓，多如过江之鲫，乃知娼妓不但为当时文人墨客之腻友，且为赞助时代文化学术之功臣。"(《中国娼妓史》)

所谓"文人墨客之腻友"，就是文人墨客们最亲密的朋友。古代男人们在家庭妇女那里找不到的朋友乐趣，往往能够在有才有貌的青楼女子那里找到，这样的例子简直数不胜数。当时活跃在宋代政坛、文坛上的名士才子，哪个不是妓女们的亲密朋友？连皇帝和大臣都为之争风吃醋的李师师，便是其中最著名的一个。还有个故事，说的是一个叫琴操的妓女，和苏轼关系很密切。苏轼在杭州做官时，有一次和几个同事聚会，照例又叫了几个妓女来作陪，琴操也在其中。宴会上大家酒喝得高兴的时候，苏轼一个同事不由得哼起了"情歌王子"秦观的一首"流行歌曲"《满庭芳》：

山抹微云，天黏衰草，画角声断谯门。暂停征棹，聊共引离尊。多少蓬莱旧事，空回首、烟霭纷纷。斜阳外，寒鸦数点，流水绕孤村。　　销魂。当此际，香囊暗解，罗带轻分。谩赢得、青楼薄幸名存。此去何时见也，襟袖上、空惹啼痕。伤情处，高城望断，灯火已黄昏。

大概是酒喝多了点，才唱头几句呢，这位同事就把"画角声断谯门"唱错了，唱成了"画角声断斜阳"。琴操一听错了，就在旁边轻声提醒了一句："是'谯门'，不是斜阳。"这位同事也绝，知道琴操很有才，便开玩笑说：那你干脆将错就错，帮我把"门"字韵改成"阳"字韵吧。

琴操还真有两下子，当即抱起琵琶，朱唇轻启，即席把秦观的《满庭芳》改成了"阳"字韵：

山抹微云，天黏衰草，画角声断斜阳。暂停征辔，聊共引离觞。多少蓬莱旧侣，频回首、烟霭茫茫。孤村里，寒鸦万点，流水绕红墙。　　魂伤。当此际，轻分罗带，暗解香囊。谩赢得，青楼薄幸名狂。此去何时见也，襟袖上、空有余香。伤心处，高城望断，灯火已昏黄。

琴操的才华，让苏轼赞不绝口。

所以，不难想象，在这种风流朝代，有这样才貌双全、风华绝代的女子相伴，宋代男人，他想不风流都没机会吧？

而在这种时代风气中，李清照居然还能够凭借自己的聪明才智，让丈夫心服口服、心甘情愿地把自己当成"朋友"，那可不是一般的女人能做得到的。这倒也不是说，有了李清照这样的妻子，赵明诚就一点儿拈花惹草的心思都没有了。可赵明诚就像李清照放出去的一只风筝，你飞吧，飞吧，不管飞多高飞多远，你的根在我这儿拴着，你不回来不踏实呢！

赵明诚聪明，是他的自信和大度，让李清照延续了少女时代叛逆、自由的天性；而李清照呢，更聪明，她没有恃宠生娇、恃才生骄，而是充分利用自己的聪明才智，尽自己的全力，不仅成了丈夫生活上的亲密朋友，还成了丈夫事业上的亲密战友。赵明诚后来能成为与欧阳修齐名的金石考古专家，多少也是因为李清照是他生命中唯一的"真命天女"。赵明诚娶了个与众不同的妻子，"痛苦"，那是次要的，"快乐"，才是最重要的。在李清照 31 岁的画像上，留下了丈夫赵明诚的亲笔题词：

　　　　清丽其词，端庄其品。归去来兮，真堪偕隐！

这大概是流传到今天、赵明诚对妻子最经典的评价了。"清丽其词"这句好理解，李清照是千古第一女词人，她的词就是以婉约清丽著称的。当然，"清丽其词"的这个"词"，也许并不仅仅是指李清照填的词，而主要是指李清照的文采。一般来说，李清照在文学史上总是被定性为"婉约派女词人"，可是，李清照的文学成就绝对不仅仅止于词这一种文体，在当时，她的诗名和文名甚至还超过了她的词名。《宋史》记载说她"诗文尤有称于时"，晁补之之所以老在朋友面前夸她，也主要是因为她"善属文，于诗尤工"。这些记载都说明，"词人"这顶帽子给李清照戴，还显得太小了点，根本不能全面概括李清照的才华。

李清照在当时，不仅是一个文采飞扬的文学家，还是一个博学多识的学者，诗、文、词、考古学等，都有很深的造诣。只不过后来人们对她的了解和接受，越来越局限在词这一种文体上了。

这样的局限之所以存在，首先是因为"词"号称宋代"一代之文学"，代表了宋代相对于其他朝代最有特色的文学成就，因此宋代写词的人尤其引人注目，李清照作为当仁不让的词坛名家，自然会以"词人"之称名垂后世。

再者，中国文学的传统，是"文以载道，诗以言志，词以缘情"。"载道""言志"都是男人们操心的事；而词的主要功能，就是谈情说爱，正好适合女性情感抒发的特点。李清照也确实将词"缘情"的特质发挥到了淋漓尽致的地步，并且成为词的历史上一个划时代的标志、一座不可逾越的高峰，因此人们一说起李清照，就毫不犹豫地将她跟"词"紧紧拴在一起了，反而忽略了她在其他方面的成就。

此外，"词"在当时的地位，还远远不能跟言志、载道的正统诗、文相提并论，还属于"小道""卑体"，词是后来在词人、词学家的不懈努力下，地位才慢慢提高起来的。在那个时代，要是赞美一个人的才华，光说他会写词，还不足以服众，他的文才应该主要是体现在诗文创作上。对李清照的评价当然也不能例外了。

至于"端庄其品"，从表面上看，似乎与李清照好酒好赌还"好色"的形象有些出入。

但实际上，它却代表了赵明诚对妻子李清照的评价，代表了他们夫妻的生活志趣。那么，在他们既是夫妻又是朋友的三十年共同生活中，赵明诚到底从妻子身上收获了怎样的快乐呢？

第九章

柔肠一寸愁千缕——党争之祸

如果"端庄"仅仅是一种外在形象，比如说笑不露齿、行不露趾，或者说"端庄"是一种道德规范，比如说三从四德、低眉顺眼。那李清照可能还真的算不上什么端庄淑女。李清照的"端庄"更像是一种内在气质、一种生活态度。李清照自己有一句话，说她与赵明诚结婚后，尤其是赵明诚太学毕业当官以后，家里经济条件很宽裕，已经衣食不愁了，他们生活上却仍然是"食去重肉，衣去重采，首无明珠翡翠之饰，室无涂金刺绣之具"。这也就是说：吃不讲究什么大鱼大肉，更不需要什么燕窝鱼翅，荤菜从来只有一种；穿不讲究鲜艳华丽、绫罗绸缎，漂亮点的能够出得厅堂的衣服也就只有一件；头上更是从来不戴什么金银珠宝、翡翠玛瑙；住的房子也从来没有豪华装修、贵重家具……他们没有讲究过什么物质享受，可是精心收藏的金石文物、书画墨宝，却装了满满十几间屋子。

一个有身份有头面的贵族夫人，能做到这些，是相当不容易的。现代人谈恋爱，表面上卿卿我我、你侬我侬，说不定私底下却在琢磨对方有没有房、有没有车，送不送得起钻石戒指、铂金项链呢。可李清照不是那种庸脂俗粉，她是个同得起富贵、共得起患难的女人。患难的时候，不离不弃；富贵的时候，她支持丈夫把几乎所有的财产都贡献给了金石文物收藏事业。每次得到珍贵文物或者名人字画、古籍文献，她都要帮赵明诚一起，仔细鉴定、校对、整理、修补，有时候甚至激动、忙碌得通宵不睡。他们家收藏的字画古籍，比当时各大著名收藏家收藏的都要更完整、更丰富，保存得也更精美。专业的金石考古专家可能不止赵明诚一个，可是有李清照这样志同道合的妻子的考古学家，还真只有赵明诚一人！

李清照好酒好赌那是不错，可她从来没在酒和赌中迷失过本性。用她自己的话说，她的赌是有讲究的：下里巴人的玩意儿不赌，完全凭运气定输赢、不需要智慧技巧的不赌，没有文采、粗笨庸俗的不赌……她不赌，不证明她不会赌。李清照对宋代的各种赌博方式都是相当了解和精通的，但她最喜欢的是打马中的一种——依经马。依经马现在已经失传了，无从去了解。但是可以知道的是，李清照喜欢的赌博是一种高雅的游戏。打马本来是没什么文采的赌博游戏，可李清照仔细研究了打马的规则之后，为每条赏罚的规则都写了几句很有文采的词，这样一来，没什么文采的赌博游戏经她一改造，就成了文人墨客的"学术研究"，成了一件高雅的事，属于"文化产业"的范畴了。

同样，李清照的好酒，也属于文人的雅兴。李白"斗酒诗百篇"的故事可谓妇孺皆知。李白不仅喝酒海量，喝了酒之后的气概那也是排山倒海的，当了酒仙，连皇帝召唤都懒得理，

孙温《滴翠亭宝钗戏彩蝶》

"天子呼来不上船"。在文学史上，李清照和李白可是并称的，正所谓"若并诗中论位置，易安居士李青莲"。酒是文人的一件宝贝，有了酒，才有灵感，才能摆脱这样那样的现实约束，任意挥洒自己的才华和性情。李清照也是一样。如果不是喝了容易上头的烈酒，恐怕她那些"险韵"的诗一大半也写不成了，那历史上也就少了一位千古难求的扫眉才子①。

所以，赵明诚评价李清照的"端庄"二字，还真不是拍爱妻的马屁。虽然赵明诚自己没有更详细的解释，但是结合他们夫妻生活中的点点滴滴，赵明诚能娶到李清照，确实是三生有幸。李清照的"端庄"，不仅仅体现在她日常生活的俭朴上，更体现在：虽然她自己的名气超过赵明诚，却心甘情愿用自己的才华和智慧，成为丈夫事业上的得力助手。当时就有人评价她与赵明诚是"平生与之同志"，认为李清照不仅是赵明诚生活中的"娇妻"，更是他事业上志同道合的伴侣。赵明诚那些收藏完整、保存精美的古玩书画，哪一件不是李清照和他共同整理、校勘、精心保存的呢？哪一件不浸透着他们夫妻二人共同的心血呢？

要是李清照和赵明诚的夫妻生活就这么风平浪静地过下去，不管是夫唱妇随也好，妇唱夫随也罢，都是十分幸福美满的。但实际上，李清照和赵明诚结婚后没多久，就经历了他们夫妻生活中第一次最大的考验和磨难。这次考验和磨难，足以摧毁任何牢固的婚姻和家庭。

要说这次考验，还得从李清照的父亲李格非那里说起。

李格非是苏轼的得意学生，号称"苏门后四学士"之一，

---

① 因为只有女性才会画眉，"扫眉才子"形容才华横溢的女性。唐王建诗《寄蜀中薛涛校书》："万里桥边女校书，枇杷花里闭门居。扫眉才子知多少？管领春风总不如。"

李格非在仕途上的进退，跟苏轼在北宋朝廷的进退是很有关系的。苏轼在当时的影响，甚至决定了李格非一家的前途命运。

苏轼也是北宋一绝。他的老师就是北宋初年著名的宰相、文坛盟主欧阳修。苏轼考进士的那一年，正好是欧阳修主考。考试的时候，欧阳修还不知道天下有苏轼这么一位青年才俊。当时的考试跟今天的高考一样，考生名字全部都是封闭的。当欧阳修看到苏轼那份考卷时，忍不住拍案叫绝，当场就想把这份考卷批为第一，那苏轼可就是新科状元了。可欧阳修这人很正直，当年的考试，欧阳修自己的一个学生曾巩也参加了。曾巩是欧阳修最得意的门生，唐宋散文八大家之一，文章写得一流，和苏轼有得一比。欧阳修一看到这份让自己拍案叫绝的试卷，仔细一想就有些怀疑了：这不会是自己的学生曾巩的卷子吧？他太了解曾巩了，文章写得大气磅礴如行云流水。这么一想，笔下就犹豫了：把自己的学生提为新科状元，人家会不会说闲话，骂自己徇私舞弊呢？丢了乌纱帽倒无所谓，自己刚正不阿的一世清名可就全毁了，说不定还会连累学生曾巩。

于是，欧阳修就给这份试卷批了个第二，跟另外一份也很出色的卷子并列第二，这年的科考，状元的位子就空出来了。后来，考生名字的封条一拆开，原来欧阳修想批为第一的那份试卷正是苏轼的，而另外一份并列第二的试卷就是欧阳修自己的学生曾巩的。欧阳修别提有多高兴了。一方面是高兴自己的学生曾巩发挥得这么出色，毕竟曾巩这年已经39岁了，连考了好几届都名落孙山，这次才终于高中。另一方面是高兴发现了苏轼这个人才。虽然遗憾没让苏轼当上状元，可是状元的位子空缺，苏轼就是实际上的状元啊！据说欧阳修当时兴奋得拎着苏轼的试卷就去找皇帝说：可找到一位国家的栋梁之材了。连宋仁宗读了苏轼、苏辙两兄弟的文章，也情不自禁地说："朕今日为子孙得两宰相矣。"喜悦之情，溢于言表。

按那时的规矩，主考官和当年考中的进士，就是理所当然的师生关系，考生要亲自去登门拜谢，行弟子之礼。苏轼就这样成了欧阳修的得意门生。要知道，欧阳修是个什么人物？当朝宰相啊！他说一句话都是金口玉言，他说谁好，说谁不好，就能决定一个人的一生。欧阳修得了苏轼这个学生，高兴得逢人就夸，甚至还说过这样的话：别看我现在是一人之下万人之上，三十年后，没人会再提起我。三十年后，那将是苏轼的天下啊！

欧阳修的话果真应验了。"苏轼的天下"根本不需要等三十年。苏轼的文名，很快就跟他的老师欧阳修并驾齐驱了。虽然后来，因为宋神宗任用王安石变法，跟王安石政见不合的人都被迫离开京城，其中就包括欧阳修和苏轼师生俩。苏轼甚至还被人陷害，说他写诗讽刺王安石的新法，把他抓到监狱里去，差点丢了性命——这就是北宋历史上最著名的文字狱"乌台诗案"。好在那个时候，王安石虽然排斥政敌，倒也没有置苏轼于死地的想法，再加上据说连宋神宗的母亲高太后也出面为苏轼说了好话，才终于让他保住了性命，被贬到黄州（湖北黄冈）。在黄州的苦日子，苏轼一过就是四年。

这一系列的悲惨遭遇影响了苏轼的官运，却丝毫没影响他的文名，相反，他在文坛的地位越来越牢固，被人们看成是天上下凡的"文曲星"，并且俨然已经超过了他的老师欧阳修，成了北宋文坛上的掌门人。

苏轼官运的转折点发生在公元 1086 年，这一年，也正是李清照的父亲李格非命运转折的一年。

在这一年前，也就是公元 1085 年，一心支持王安石变法的宋神宗驾崩。宋神宗驾崩这一年，正好是元丰八年，宋神宗还只有 38 岁。别看他岁数不大，子嗣却不少，一共生养了十四个儿子，可惜有八个夭折，剩下来的几个儿子，年龄最长的是被封为延安郡王的第六个儿子赵佣，当时还只有十岁。于是，十岁的赵佣登上了皇帝宝座，改名赵煦，这就是北宋历史上的第七位皇帝宋哲宗了。第二年，哲宗改元元祐，元祐元年，也就是公元 1086 年，正好是李清照一家，尤其是她的父亲李格非人生的重大转折点。

中国历史上，一般儿皇帝当朝，后面都有太后垂帘听政。宋哲宗才十岁，他也不例外，只不过，这回垂帘听政的不是他的母后，而是他的奶奶太皇太后高氏。哲宗能顺顺当当地当上皇帝，高太后是保驾护航的头号功臣。就像清朝顺治皇帝一样，要是没有他母亲——孝庄太后大玉儿的大智大勇，5 岁的福临想当皇帝？门儿都没有。

顺治帝的儿子玄烨也是 8 岁登基的儿皇帝，多亏了奶奶孝庄太皇太后的尽心辅佐，康熙皇帝才在极度复杂的政治环境中坐稳了龙椅。

宋朝的高太后跟清朝的孝庄太后很有点相似之处，虽然高太后没像孝庄太后那样闹过什么绯闻，但是也凭自己的才智辅佐了子孙两代帝王，对于维护北宋朝廷的太平稳固起了不小的作用。这位高太后是保守党人，对于儿子宋神宗任用王安石搞变法，折腾得朝廷鸡犬不宁，她本来就很不赞同，只不过神宗专权独断，听不进她的劝告而已。

不过，高太后虽然没能阻止宋神宗和王安石一手导演的熙宁变法，却间接和直接地成了李清照一家的大恩人。

原来，高太后垂帘听政以后的第一件大事，就是召回在神宗朝熙宁变法中被排挤出去的旧党首领司马光，让他来主持军国大事。王安石变法时被贬出京城的政治对头也纷纷被召回朝廷，其中就包括在黄州已经住了四年多的苏轼。

哲宗改年号为元祐的第一年，也就是 1086 年，苏轼被重新起用，由起居舍人，升为中书舍人，再升为翰林学士知制诰。这些都是接近皇帝的职务，大概相当于由皇帝日常生活的秘书，转为中央政府的秘书长，并且他还被授予了翰林学士的光荣头衔，这是当时知识分子的最高荣誉，地位大约相当于现在的院士，主要负责为皇帝起草各类文书。

苏轼一步登天，从罪犯变为朝廷重臣，从一个落魄的文人变为处于朝廷核心的政治家。从这一年开始，几乎所有跟苏轼关系密切的苏门文人，都开始陆陆续续进入朝廷各个部门担任重要职务。苏轼一门最得意、最辉煌的一段时期就此开启。苏轼俨然成为元祐年间三大党派之一——蜀党的首领人物，当然，这也为后来严酷的党争埋下了隐患。

就在同一年，1086 年，李清照的父亲李格非被提拔进入国子监做了"太学录"，这说明他已经由基层的小官吏一下子破格晋升了好几级，成了最高学府里的教授、"博导"。三年后，李格非又担任了更重要的行政职务——太学正，全面负责最高学府的各项工作，大约相当于今天大学里的教务长。当时的学术权威、政治要人都开始注意到这位大器晚成的才子，并且他还有幸成为苏轼最欣赏和最亲密的朋友和学生之一，同时也把自己以及自己一家的命运跟苏轼、跟苏门党人紧紧地拴在了一起。

可惜，对苏门一党来说，好景不长，元祐的风光只持续了近八年的时间，北宋又发生了天翻地覆的巨变——高太后去世，哲宗亲政，奶奶推行的那一套政策被孙子哲宗全盘推翻。于是，苏轼一门又从天堂重新被打回了地狱。如果说头一次苏轼一门的树倒猢狲散，李格非还算是幸存者的话，那么再过八年后，受元祐党人的牵连，李格非一家的厄运也开始了。这一次的厄运，连累的不仅仅是李格非本人，连已出嫁的女儿李清照，也身不由己陷入了婆家与娘家的斗争中——谁让婆家和娘家分别属于水火不相容的两大党派呢？

幸福婚姻才刚刚开头，李清照就站在了刀砍火烧的风口浪尖上。

公元1102年，北宋政局历经风起云涌，转眼已是宋徽宗当政之时的崇宁元年。

宋徽宗好歹算个艺术家，填词画画算是一把好手，好唱几句流行歌曲，治理国家却不敢恭维。所以后人常常把宋徽宗赵佶跟南唐后主李煜相提并论：两人都是造诣高深的艺术家，却又都是昏庸无能的亡国之君。却说宋徽宗上台不久，好坏不分，听信小人之言，重用蔡京当宰相。蔡京可是元祐党人的死敌啊！他一上台，元祐党人没一个有好日子过，连死了的人都不放过：追贬了司马光等一批人的官阶，不但禁用元祐期间的法令，凡是跟自己政见不合的人全部被当成元祐党人，一律贬出去；还唆使宋徽宗御笔题写，刻了一块石碑，将所谓元祐党人的名单全部刻在上面，叫作"党人碑"。"有幸"榜上有名的"元祐党人"永世不得翻身，以司马光为首，苏轼等人赫然在列。

众所周知，凡是遇到政变，站队很重要。识时务者为俊杰啊，站对了，那可就是青云直上，站错了队伍，就只好一落千丈，自认倒霉吧。李格非就是站错了队的典型。本来他是有机会"改正错误"的，可他偏偏是根直肠子，自己认准了的事死不悔改，因为不肯参与编写元祐奏章，说白了，就是不肯给自己的老师苏轼乱泼脏水、乱扣帽子，于是一股脑儿也被划到了元祐党人那一派里去，"荣登"第二批元祐党人籍的第五名。元祐党人当时的命运可是风雨飘摇、朝不保夕，不但不得"在京差遣"，贬出京城还算是轻的，重的可是要掉脑袋！这一回，李格非也没有幸免于难。

　　李家遭逢这一巨变的时候，李清照刚刚嫁进赵府不过一年光景。眼看着婆家在朝廷上权势日长、蒸蒸日上，娘家却一落千丈，本来是门当户对的婚姻绝配，一瞬间成了天上地下。那么，对于刚刚成为新嫁娘的李清照，婆家与娘家势同水火，到底是福还是祸呢？而她，在这样的特别时刻，又会有怎样惊世骇俗的表现呢？

第十章

良宵淡月，疏影尚风流——因祸得福

就在李格非不幸成为元祐党人的"党羽"，赫然名列"元祐党人碑"的时候，李清照的公公赵挺之可是站对了地方，紧紧地团结在蔡京的周围，平步青云，硬是踩在元祐党人的肩膀上步步高升了，一直做到了宰相的位置。他跟在蔡京后面，不遗余力地排斥元祐党人，是确定元祐党人名单的"赫赫功臣"。事实上，赵挺之自己当初步入仕途，也是由元祐党人推荐的，他自己还曾被当作元祐宰相刘挚的党羽。可是这个时候，他却改弦易辙，站到了元祐党的对立面。

李清照哪里想得到，她还沉浸在新婚的幸福甜蜜中，自己的父亲就在公公等人的一手导演下，陷入了水深火热的境地。

别看李清照是深闺中的一个弱女子，可到了关键时刻，她哪能袖手旁观，见死不救啊？更何况，这次遭难的还是自己亲爱的父亲。按道理，做儿媳妇的是无权对公公指手画脚的，而且这位公公还是权势滔天的朝廷重臣。可别的女人不敢做的事，李清照她偏就敢做。虽然那个时代没有机会让她站到朝廷上慷慨陈词，她却斗胆向公公赵挺之献诗一首。诗的全文已经散失了，估计胆子太大，也没人敢给她保留，只留下一句"炙手可热心可寒"。

这无异于指着公公的鼻子骂：别看你权势滔天，其实是个冷血动物啊！试想哪个公公看到儿媳妇这样在太岁头上动土，会喜欢啊？

李清照在给公公的另外一首诗里，还写过一句晓之以理、动之以情的"何况人间父子情"！李清照也是真的急了，你去给没有感情的人讲感情，那不是病急乱投医吗？赵挺之是何许人？会因为你一把眼泪一句怒骂就回心转意，做个好人？赵挺之在北宋可算得上是"臭名远扬"，有这么一个小故事，可以证明当时的正人君子，大多数都是不屑与赵挺之为伍的。

这个故事，说的也是苏轼的一位至交好友——号称"苏门六君子"之一的陈师道，他是一个刚正不阿的人。说来也巧，这么刚正不阿的人，偏偏和赵挺之是连襟。陈师道是个清官，不为五斗米折腰的典型。据说有一次他因为要参加一次隆重的祭祀活动，不穿保暖的厚皮衣根本抵御不了那地方的寒冷，可他家里穷得连买件皮衣的钱都没有，他的妻子只好去找妹妹——当时"炙手可热"的赵挺之的夫人借了件皮衣。皮衣拿回来，陈师道一看，这么贵重的皮衣，自家是买不起的，就问妻子："皮衣哪里来的？"妻子老老实实说是跟妹夫赵挺之借的。陈师道一听，犟驴子脾气犯了，硬是不肯穿，"遂以寒疾死"，受了风寒，给活活"冻"死了！这可真是不受嗟来之食、不饮盗泉之水的楷模！

这个故事从另一个侧面说明了赵挺之在当时的名气，那可是相当的"臭"！这样的人，凭儿媳妇一首诗，就能放过他的政敌，放过他巴结权贵、步步高升的机会？只能说李清照也太天真了！

　　除了残酷、冷血的政治斗争之外，另外还有一点隐情。虽然李清照和赵明诚这门亲事是父母之命，双方家庭都首肯了的。可当时还没有蔡京当权、罢黜元祐党人这码子事，谁知道政治这东西，翻手为云覆手为雨啊？再说还有家庭隐情。虽说家丑不可外扬，但不难猜想：这小儿媳妇过门有些日子了，可传宗接代的事还没一点儿动静。这可是件大事，从法律上来看，"无子"一条就足可休妻；从道德上来看，也是"不孝有三，无后为大"。李清照没有为赵家传递香火，做公公的心里难道就没有想法？恐怕未必。尽管他不见得就明说让小儿子休了李清照——人家毕竟是如胶似漆的恩爱夫妻。但要说他有多喜欢这个儿媳妇恐怕就未必了。说不定，他还想利用这次罢黜元祐党人的机会，给小儿子敲敲警钟，让他别也站错了队呢。

　　不过，赵挺之的如意算盘只打对了一半——在这次党争中，李格非是丢了官，被打回了原籍，李清照情辞恳切的诗救不了父亲的乌纱帽。但是他没能棒打鸳鸯散：小儿子赵明诚并没有因为李清照的家庭惨遭横祸，就抛弃结发妻子。可能最让赵挺之生气的还是：赵明诚非但没有休妻，立场坚定地站在自己一边，反而还是苏轼这一派"党人"的忠实"粉丝"。

　　赵明诚跟他父亲不一样，赵挺之是把官场上的进退看得比命还重要，可他儿子却是一个爱好文义、孜孜求学的人。赵明诚特别崇拜苏轼、黄庭坚他们的诗文，只要是他们的作品，哪怕只有残篇断句，他都要当成宝贝，赶紧收集、郑重其事地保存起来。道不同不相与谋，连父子也是一样。就因为这些缘故，赵明诚跟他的父亲在价值观上背道而驰了。赵挺之非但不见得喜欢小儿媳妇，连小儿子也不见得喜欢到哪里去！凭这种不尴不尴的父子关系、翁媳关系，李清照一句"何况人间父子情"，哪里能打得动铁石心肠的赵挺之呢？

可惜的是，政治斗争是你方唱罢我登场，翻手为云覆手为雨，这场斗争你站对了地方，不见得就永远能站对地方。赵挺之攀上蔡京，红火了一把，可也是好景不长，也怪他自己升得太快，蔡京哪里是容人之人啊？赵挺之一琢磨，虽然自己升得快，论权势根基和蔡京也还差一大截，说不定还会引起蔡京的嫉恨。这么一想，不由得打个冷战，权衡了一番后，赵挺之主动辞去才坐了几个月的宰相的位子。

不过，宰相的位子是辞了，却不是真正心甘情愿就此退休、归隐田园。此后赵挺之跟蔡京就撕破了脸皮，公然成了对头，还经常在皇帝面前说蔡京的坏话。蔡京确实也是作恶多端，朝廷里看他不顺眼的人多了去了。《水浒传》里就提到过北宋四大奸臣，号称"四贼"：高俅、蔡京、杨戬、童贯。当然，这是小说家言。还有一个更加"历史"的说法：北宋有六大奸臣，天下人叫他们为"六贼"：蔡京、童贯、王黼、梁师成、朱勔、李彦。而蔡京呢，是"六贼之首"，仗着徽宗的宠幸，不但唆使皇帝好好享受"天下之奉"，极尽奢侈之能事，还迎合徽宗好享乐的脾气，大兴什么"花石纲之役"，大肆搜刮民脂民膏，搞得朝廷上下民怨沸腾。《宋史》的《奸臣传》对蔡京可是毫不吝啬，给他一家子都留了很大的篇幅。

这回赵挺之算是选对了时机，因为恨蔡京的人不止他一个。不管是出于个人恩怨，还是出于对国家对百姓的担忧，反正大家联合起来，一同造反。太学生陈东甚至给皇帝上书，陈述了蔡京恶贯满盈的十四件大事，这回事情闹得太大，连一向对蔡京言听计从的宋徽宗也觉得蔡京实在太过嚣张、目无君长了，于是下诏罢黜了蔡京，重新任用赵挺之为宰相。蔡京当政时的一切伤天害理的事，也因为政治斗争的需要，得到了稍微的修正。这其中最重要的一条，就是崇宁五年的摧毁元祐党人碑，大赦天下。

但是，赵挺之的翻身大解放并没给李清照一家带来好运。虽然大赦天下了，像李清照的老师晁补之、师叔张耒等，一批批都获得了平反，元祐党人有的追复原官，有的赠官，可这些好事竟然都没李格非的份儿！这两亲家的结怨之深可想而知。

不过，赵挺之也没得意几天。蔡京岂是吃素的，吃了哑巴亏岂能善罢甘休？他在朝廷里的党羽根基深厚得很，瞅着赵挺之在台上那个张狂样，蔡京心里恨啊！很快，蔡京就找着了把柄，把赵挺之等人一锅端了。再加上宋徽宗虽然一时意气，罢免了蔡京，可是没了这个惯于见风使舵、左右逢源的幸臣，他还真觉得生活里少了点什么。于是，没过多久，蔡京重新当上了他的宰相，并且越发气焰嚣张。

赵挺之哪里是老奸巨猾的蔡京的对手！罢相五天后，竟然一命归西，而且据说死得还很凄凉。宋徽宗算是有点良心，以国礼安葬了这位已故宰相。但是据说皇帝御驾抵达赵府的时候，赵挺之夫人郭氏向徽宗请求了三件事，其中一件就是请皇帝恩赐的谥号里面带一个"正"字，因为赵挺之的字是"正夫"。其他两件事宋徽宗都一口答应了，唯独赐谥号这事儿，皇帝只答复了一句：以后再说吧。徽宗的习惯，凡是"以后再说"就等于这件事没戏了。所以后来颁布的赐赵挺之的谥号是"清宪"，硬是没那个"正"字。莫非宋徽宗也窃以为，赵挺之着实当不得一个"正"字？

再说赵挺之的死敌，蔡京这回是典型的小人得志，对死人都不放过，竟然将赵挺之的所有亲朋故旧一竿子撸到底，抄家的抄家，罢官的罢官，还对宋徽宗翻起了旧账，说赵挺之原来也是元祐宰相刘挚推荐的，所以他才竭力包庇元祐奸党。可怜赵挺之在打击元祐党人时不遗余力，还大义灭亲地将自己的亲家李格非也毫不留情地打回了原籍，可没料到自己身后也成了元祐死党。这下可好，昏庸的宋徽宗对蔡京言听计从，追回了赵挺之的所有封号，而赵挺之一家自然也没好果子吃。赵明诚兄弟三人因为一方面要为父亲守孝，一方面也因为成了蔡京的眼中钉肉中刺，官是肯定当不成了，于是纷纷下了岗，回老家歇着去了。赵明诚夫妻俩这一歇，就是十余年。

刚刚经历了娘家的大难，接着又是夫家的大难，真是一波未平，一波又起，接连遭受了这么多、这么大的变故，如果是一个普通弱女子早就该怨天尤人，被生活的残酷给击垮了。可李清照，硬是在这风雨中坚强地站了起来，成了那个风雨飘摇的年代、风雨飘摇的家庭中的铿锵玫瑰。她的坚强、她的淡泊名利、她的才华和智慧，无疑是一剂强心针，成了连连遭受重创的丈夫心中最大的安慰。赵明诚仕途中十年低谷期，反而成了这对神仙眷侣最幸福、最悠然的十年。真可谓"塞翁失马，焉知非福"！

李清照有篇文章《金石录后序》，说起他们夫妻俩在老家山东青州隐居的日子里，远离了政治上你死我活、尔虞我诈的争斗，是过着怎样连神仙都艳羡的美好日子。有了这大把的闲暇时光，夫妻俩更是尽一切可能到处搜罗书画古玩。每天晚上吃完了饭，坐在书房里，悠闲地煮上一壶茶，指着书柜里堆积如山的书籍文献，说起某件事应该记载在哪本书的哪一卷的哪一页的哪一行，夫妻俩拿这个来打赌，说对了的可以先喝茶，说错了就对不起，一边看着去！李清照聪明啊，记性特别好，所以她赢的时候总是比赵明诚多。不过每次李清照说中了，"即举杯大笑，至茶倾覆怀中，反不得饮而起"——举着茶杯开心得哈哈大笑，常常不小心笑得茶水都泼洒在衣服上，反倒什么也没喝到，而茶香早已溢满了整个书房。按李清照的说法，是"虽处忧患困穷，而志不屈"，而且李清照那些好酒好色、充满小资情调的词章，有不少是在这个时候新鲜出炉的。

赌书、泼茶，这样充满情趣的夫妻生活，不仅是延续李清照一生的温馨回忆，也成了后代文人的浪漫憧憬。号称清代第一词人的纳兰性德就曾在词中引用过这个典故：

> 谁念西风独自凉。萧萧黄叶闭疏窗。沉思往事立残阳。被酒莫惊春睡重，赌书消得泼茶香。当时只道是寻常。

"赌书消得泼茶香"，纳兰性德正是用李清照和赵明诚夫妻的典故，来抒发自己婚姻生活的幸福与满足，以及妻子离世后留给自己的无限凄凉与悲伤。

隐居的十年，也是李清照夫妻俩事业上大丰收的十年。赵明诚的巨著《金石录》就是在这个时候开始纂集的。李清照写的《金石录后序》中有段这样的文字："遇书史百家字不刓阙、本不讹谬者，辄市之，储作副本。自来家传周易、左氏传，故两家者流，文字最备。于是几案罗列，枕席枕藉，意会心谋，目往神授，乐在声色狗马之上。"这是说，他们在搜集古籍书画的过程中，凡是看到书史百家版本比较好的就赶紧买下来，作为备份副本保存。因此家传《周易》《左传》是版本收藏最完备的。两人住的地方，桌子上、床上都摆满了经史子集，那个开心啊，光是看看都心满意足了，这种快乐，是欣赏歌舞、蓄养宠物等娱乐、游戏都比不上的。

这段隐居的日子，持续了十年，而这十年，虽然生活上处于低谷，精神上却是那么高贵、充实，是李清照婚姻生活中最幸福、最满足的十年。赵明诚为李清照 31 岁画像题词也就在这十年当中。做丈夫的在这个时候，才不但有闲情开始欣赏才女妻子那些清丽词句带给自己的温暖，更切切实实体会到了，得到一位事业上的"同志"，是一件多么幸运的事。所以赵明诚题词的最后两句才真正吐露了他的心声："归去来兮，真堪偕隐！"归去来兮，是引用了隐逸诗人陶渊明的原句，夫妻俩这时最仰慕的就是陶渊明的人品和文品：不与当权者同流合污，不卑躬屈膝侍奉权贵。他们给自己的书房取名叫"归来堂"，也暗含了这种不随波逐流的愿望，一代才子赵明诚甘愿带着一位同样超凡脱俗的才女妻子，一起归隐田园，做一对优游于山林中的神仙眷侣，从此远离世俗的纷争……

李清照自号"易安居士"。陶渊明的名作《归去来兮辞》当中就有这么一个句子"审容膝之易安"。"容膝"，就是说房子小得只能勉强把膝盖挤进去，当然这是很夸张的比方。陶渊明用这句话来说明自己辞官归隐后，不再介意世俗的功名利禄，看着自己住的小小一间陋室，也觉得心安理得、随遇而安了。李清照和赵明诚夫妻可是陶渊明的铁杆粉丝，不仅把他们的书房命名为"归来堂"，就连李清照自己，也觉得这种隐居的生活，正是她非常珍惜的世外桃源。

李清照的词有一个最大特点，那就是善于用很平常甚至很家常的话，来抒发生活中很细腻很微妙的感情。她不大像周邦彦、辛弃疾那些大词人一样，在词里面拼命"掉书袋"，来显示自己多么多么的博学。可是，不常常"掉书袋"的李清照，却挺喜欢用与陶渊明有关的典故。比如说她经常在词里用一个典故："东篱"，就很显然是用了陶渊明"采菊东篱下，悠然见南山"的意境，表达她对陶渊明那种逍遥自在、超凡脱俗的境界的向往。"易安居士"这个号，体现的大概就是李清照追求的采菊东篱、悠然自得的人生理想吧。

李清照自己有句话，总结这段十年"归隐生活"中的心情："甘心老是乡矣"，意思是，我多么希望这样的日子能够一直持续到老啊！这大概就是浪漫的李清照渴望的"最浪漫的事"了吧：我能想到最浪漫的事，就是和你一起慢慢变老……

那么，渴望着和丈夫一起远离世俗纷争、一起慢慢变老的易安居士，究竟能不能真正实现她的人生理想呢？

第十一章
从今又添，一段新愁——新欢旧怨

　　"归去来兮"的浪漫日子持续了大约十年，李清照期待的"最浪漫的事"也随着十年的结束而烟消云散。这个时候的李清照，已经是一位三十多岁的妇人，她经历了人生的再一次起伏变化：十年后，丈夫赵明诚重新出山当了地方官，夫妻在十年的形影不离后，终于又不得不接受时不时的短暂分离。"和你一起慢慢变老"的梦想从这时候开始，渐渐成了李清照心里一种永远的伤痛。伤痛的来源主要有两个方面：一方面是李清照自己的年老色衰，一方面是赵明诚的三心二意。

　　大凡普通人的婚姻，都要经受"七年之痒"的考验，夫妻耳鬓厮磨的日子久了，再有夫唱妇随、妇唱夫和的浪漫情调，也挡不住岁月日积月累的侵蚀。日子久了，难免产生"审美疲劳"，未必再有你离不开我、我黏着你的激情。赵明诚和李清照虽然不是"普通人"，算得上当之无愧的才子佳人、才女帅哥的绝配，可到这时候，两人的婚姻已经走过了十几个年头，李清照已经是三十好几的半老徐娘，虽然才名越来越响，可惜容貌必然是越来越枯萎憔悴。两人在一起朝夕相处的时候还好说，毕竟有一份共同的事业将夫妻紧紧地拴在一起，赵明诚就算有什么别的"想法"，碍着才女夫人的面子，也碍着夫人全力以赴帮助自己的情分，总还是有所收敛的。可这一外出做官，夫妻俩一分离，能保得准猫儿不吃腥？

于是乎，谣言纷纷流传开来，什么赵明诚纳妾、逛妓院，诸如此类的故事就开始"好事不出门，坏事传千里"了。当然，类似于这样的"谣言"找不到正史的依据，大约也只有野史才会绘声绘色地大肆渲染一番。

为什么说是野史呢？古代历史上女人没地位，如果你不是皇后妃嫔或者是诰命夫人，想要在正史里面占上那么几句话，那是根本不可能的事。李清照算是当时的大明星了，可也只能在父亲李格非传记的最后，附带捎上那么一句。别说李清照了，就连她父亲李格非，在《宋史》里也是三两句话就带过去了，何况他的女儿李清照！

《宋史》里没她李清照什么事儿，野史可是传得神乎其神。现在不也一样，哪个文艺界的明星能够在历史书上占上那么几句话？但是上不了历史书不要紧，狗仔队的镜头时时刻刻跟着你呢！古代虽然没有狗仔队，可"追星族"的疯狂程度大概不亚于今天的粉丝团，所以这些个明星们的私生活啊，生活爱好啊，家庭背景啊，趣闻故事啊，总有好事的人记下那么几笔。记的人多了，难免也有粉丝团之间的战争，拥护者对自己的偶像崇拜得五体投地，反对者则不遗余力地进行人身攻击。人性的光明与阴暗，往往在"追星"的过程中表达得淋漓尽致。所以，李清照在当时，包括在后代，一直到今天，都是这样一个引人注目的明星级人物：崇拜她的人把她当偶像，神圣不可侵犯；看不惯的、嫉妒她的人恨不得把她的名字狠狠摔在地上，还要咬牙切齿地踩上两脚。

李清照，便是这样一位誉满天下也谤满天下的传奇女子。

因此，从某种程度上说，野史难免有添油加醋，甚至是无中生有的成分，可从另一个方面来说，正因为它不是正史，用不着戴上道貌岸然的面具，为统治者歌功颂德，反而有可能比正史更接近事实真相，至少它反映了写野史的作者的一种态度。因此，野史是一种客观存在，你可以相信，也可以不相信，但是你绝对不能否认它存在过，并且它还在影响着人们对人物、对历史的认识和理解。

正史对李清照着笔不多，大约还是认为她的主要才艺是填词。词，就是当时的流行音乐的歌词，在当时非但不是什么高雅的学术、文化，倒是彻底的下里巴人。现代的流行歌曲，好歹还是由正儿八经的音乐制作人创作、正儿八经的职业签约歌手演唱的。那时的流行歌曲，可几乎全都是由歌妓们演唱。词在当时绝对不是什么高雅艺术，而是妓女们谋生的基本才艺。因此绝大多数词，内容是写妓女，创作的环境是在妓院或者有妓女作陪的酒席上，创作的目的也主要是让妓女们唱了来供男人们休闲取乐。

北宋初年有一位学问大家、朝廷命官钱惟演，说过一句特经典的话："坐读经史、卧读小说，如厕则阅小词。"正襟危坐的时候，就读《论语》《孟子》《史记》之类的正经书；睡觉的时候呢，读读小说催眠；只有上厕所方便的时候，才顺便看看小词。这句话本来是钱惟演赞扬欧阳修读书手不释卷，可同时也从侧面反映出"小词"的地位。

还有的人，年轻的时候很喜欢写点小词，喜欢听歌女们莺莺燕燕地唱上那么几句，可是年纪大了以后，官当大了，学术界的名声也更响了，成"正人君子"了，就很后悔当初怎么写这些见不得人的玩意儿，赶紧将它们烧掉……连陆游晚年都很后悔自己写过那些儿女情长的歌词呢。除了"小词"这个称呼之外，词还有一个别名，那就是"艳词"，其原因之一，是它最初流行的时候，主要内容就跟这些登不上大雅之堂的风流韵事相关。钱钟书有一句很权威的评论：据"唐宋两代的诗词看来，也许可以说，爱情，尤其是在封建礼教眼开眼闭的监视之下那种公然走私的爱情，从古体诗里差不多全部撤退到近体诗里，又从近体诗里大部分迁移到词里。"①

　　因此，词的地位在当时根本不能跟诗、文相比，它也跟当时女性的地位一样，女人不是"小女人"吗？词，也只能是"小词"，所以对不起，正史里也没"小词"什么事儿，跟小女人一样，一边凉快去！

　　要研究那个年代的流行歌词、流行歌手、流行音乐制作人，还真不是件容易的事儿，得把那些民间散落的大量野史、故事搜罗起来，从里面尽可能地识别真伪，还原一个历史的真相。所以野史千万不能丢，非但不能丢，还得好好保存起来。如果没有这些野史，后人心中的"高雅"的宋词，"高雅"的李清照，"高雅"的欧阳修和苏轼，等等，就都不是真实的宋词，也不是真实的欧阳修和苏轼，更不是真实的李清照了。

　　当然了，野史总是有真有假的，甚至大多数时候还真的难辨真假。不过也不要紧，正所谓"一千个观众心里有一千个哈姆雷特"，一千个观众心里也有一千个李清照。野史可以信，也可以不信，但是李清照的文字还保存在那里，那是后人还原真

---

　　① 钱锺书《宋诗选注·序》。

实李清照最可靠的依据，人们可以从她的文字里读出每个人心里的李清照来。这个李清照可以豪爽得像个男子汉，也可以柔媚得像个小女人；可以快乐得像只自由飞翔的小鸟，也可以忧郁得像一弯不圆满的月。

可以推测，李清照的心里始终有一种忧郁，很可能来自婚姻的不圆满。这种不圆满，主要是因为他们夫妻的后继无人。膝下没个一儿半女，在夫妻共同为事业奋斗、废寝忘食的日子里还能够勉强忽略，可是日子一长，这种遗憾，尤其对一个男人来说，是任何其他的感情都无法弥补的。所以，如果真像"谣言"所传的那样，赵明诚纳妾了，甚至还逛妓院了，那都是可以理解的。要照当时的道德规范，男人纳妾非但不是什么见不得人的事，反而是光明正大，有堂而皇之的理由的。别说赵明诚和李清照结婚十多年，膝下没个一儿半女。就算儿女成群的大户人家，又哪个不是三妻四妾？不说别人吧，就说苏轼，他家里不但有妻有妾，还蓄养歌儿舞女；南宋辛弃疾不也是妻妾成群？再说北宋那位风流才子宋祁宋尚书，家里养的妻妾更是不得了。传说有一回，宋祁在成都锦江边上大摆酒席，天晚了，突然觉得有点冷，命令家人回去拿件披风。没想到家里的妻妾每人送了一件披风来，一下子送来十几件，宋祁看看这件，又看看那件，怕穿了这件大老婆不高兴，穿了那件小老婆又吃醋，愣是忍着冻，一件都没敢穿。

家里小老婆成群还不满足，宋朝的风流才子们流连青楼那可也是一件风雅的事，连皇帝都还拜倒在妓女的石榴裙下呢。宋徽宗为了一个妓女李师师跟自己的大臣争风吃醋。而在《水浒传》中也有一个很有趣的情节：梁山泊好汉在宋江的带领下想接受朝廷的招安，可是就那么一群"山贼野寇"，哪里能见得着高高在上的皇帝？所以宋江便派梁山泊里的头号帅哥、浪子燕青去京城找李师师，托李师师吹吹枕边风，将梁山泊好汉愿意接受招安的想法转达给皇帝。李师师还真不负众望，在她的撮合下，还真让燕青见着了宋徽宗。宋徽宗让燕青唱首词给自己听听，燕青谦虚了一下说："所记无非是淫词艳曲，如何敢服侍圣上！"堂堂一国之君，居然回答："寡人私行妓馆，其意正要听艳曲消闷。"

宋徽宗的回答正代表了当时绝大多数所谓"正人君子"的某种生活状态和真实的生活心态——一方面像正人君子一样道貌岸然地生活，一方面却也需要听听"淫词艳曲"解解闷儿。皇帝也好，欧阳修、苏轼这些学界泰斗也好，个个都是如此，赵明诚难道就能够特立独行，举世皆"浊"我独清？就算他把持得住，周围这些同事们、朋友们大约也会怂恿他，甚至嘲笑他装腔作势。当然，宋祁纳了妾逛了妓院，苏轼纳了妾逛了妓院，并不意味着赵明诚就一定也要纳妾逛妓院，这其中肯定没有必然的因果关系。但当时的时代风气就是如此，赵明诚常在河边走，想要不打湿脚那可是难上加难的事。虽然没有确切史料证明他确实纳妾、确实流连花柳之地，但也没有确切史料能够证明他出"淤泥"而不染，做了一个坐怀不乱的柳下惠。

反正，不管是动了真情也好，还是逢场作戏也好，总之，赵明诚外出做官，并不会常常将李清照带在身边，偶尔有那么几回"私行妓馆"的事，在当时完全算是人之常情。甚至，以传宗接代的名义纳几个小妾，不但不会被谴责，还应该受到鼓励。甚至很有些不能生育子女的正室夫人，出于内疚，还主动张罗着为丈夫纳妾，延续香火，以显示自己宽容大度的"妇德"。

今天已经无法考证，李清照面对丈夫纳妾这样的举动，是不是也要过一哭二闹三上吊的手段？作为大家闺秀的李清照，虽然对爱情抱着执着的理想，但是对于丈夫的这些风流韵事，她大约不会像街头泼妇一样呼天抢地、捶胸顿足的。她既不能对不起自己高贵的出身门第，也不能对不起自己孤傲自信的性格。她这样独立、自信，有自己的主见和个性、自尊和自重的女性，怎么可能降格到跟几个女人去抢丈夫呢？

但是，不像泼妇一样哭闹骂街，不意味着李清照就能"宽容大度"、心甘情愿地接受丈夫移情别恋的事实。无论李清照是怎样才华横溢、个性坚强的女性，爱情的失落，也一定会是她心中最深的隐痛。虽然，这种伤痛只能埋在心里，或者写进词里，隐隐的却又锥心的痛。在有些细心的人看来，这些隐隐的、却又是锥心的痛，在李清照自己的词里到处都有迹象可寻。

李清照在词里用过"长门"的典故。这一典故，出自汉武帝时代。汉武帝的第一任皇后陈皇后，也就是"金屋藏娇"中所说的那个阿娇。可见，这位陈皇后阿娇当初曾是汉武帝多么宠爱的妻子。可惜后来汉武帝有了新欢——更加年轻貌美的歌女卫子夫，后来还把卫子夫立为皇后。"但见新人笑，那闻旧人哭"，汉武帝硬是把当初捧在手里怕摔了、含在嘴里怕化了的阿娇打入了冷宫——长门宫。

巧的是，这位被冷落的陈皇后跟李清照一样，也是多年无子。传说陈皇后绝望之中，花重金请当时的著名才子司马相如，写了一篇《长门赋》，向汉武帝表白：你虽然不要我了，但我还是一心一意等着你回心转意呢！所以"长门"的典故就被后来的诗人词人频繁使用，专门用来代指遭到丈夫冷落或者遗弃的妻子。例如辛弃疾的《摸鱼儿》也引用了"长门"的典故："长门事，准拟佳期又误。蛾眉曾有人妒。千金纵买相如赋，脉脉此情谁诉？"只不过，辛弃疾用的是以男女比君臣的象征手法：用弃妇比逐臣，用弃妇被丈夫冷落来象征自己被朝廷冷落。

除了"长门"，李清照还用过"武陵人"的典故。"武陵"

是陶渊明《桃花源记》里出现的地名，"武陵源"还有另外一个名字是"桃花源"。不过，李清照这里用"武陵"的典故并非陶渊明笔下的桃花源。因为"桃花"这个意象在中国文化传统里还有另外一个含义：当形容一个人有了艳遇，就会说他走了"桃花运"。

原来，这个典故出自南朝宋刘义庆的小说《幽明录》，里面讲了一个桃源遇仙的故事。这个故事很香艳，说的是东汉年间有两个人，一个叫刘晨，一个叫阮肇，他们到天台山去采药，结果迷了路，回不去了，带在身边的干粮也吃完了。正饿得头昏眼花的时候，忽然看见悬崖上有一棵桃树，上面结满了大桃子，他们于是爬上去摘桃子吃，吃饱了下山的时候又邂逅了两个十分漂亮的仙女。仙女锦衣玉食地伺候着他们，当然最重要的是还以身相许了。住了十多天后，刘晨、阮肇想回家去，仙女又苦苦挽留他们住了半年，最后实在留不住了，只好送他们回家。可是两人回去一看，村子里的景物、人全都变了，原来在山中的这半年，人间已经过去了好几百年。他们拦住一个小孩子一问，这个小孩竟然已经是他们的第七代孙。

现在说谁走桃花运了，就跟这个桃源遇仙的故事有关。"刘阮天台"也成为一个著名的典故，专门用来指男女幽会。

李清照在词里写道："念武陵人远，烟锁秦楼。"难道李清照是在暗示，赵明诚也走了桃花运，忘了糟糠妻？更何况，后面还紧跟了一句"烟锁秦楼"。秦楼又是一个典故：传说秦穆公时有一个特别善于吹箫的才子叫箫史，因为秦穆公很喜欢听他吹箫，便把自己的女儿弄玉嫁给了他。弄玉跟着箫史学吹箫，能够将凤凰鸣叫的声音学得惟妙惟肖，后来两人吹箫引来了真的凤凰，夫妻俩跟着凤凰一起飞上天成了神仙。这位女子弄玉住的地方就叫"秦楼"。

本来弄玉和箫史的故事，是一段夫妻间琴瑟和鸣的佳话，可是后来"秦楼"的典故往往被用来表示离别的悲伤。李白不就写过一句："箫声咽，秦娥梦断秦楼月"吗？李清照用这个典故，很可能隐藏了对夫妻间举案齐眉的美好生活的留恋，那是她做过的一个不愿意醒来的梦，但是"梦"终于还是"断"了，这段"秦楼"的幸福生活也被茫茫烟雾"锁"住了，再也看不到了。

李清照还用过"纨扇"的典故。"纨扇"这个意象在古代就是弃妇的代名词。把弃妇比喻成扇子，相传最早是汉代的一位才女——汉成帝妃子班婕妤的创造。[①] 她将女人比作男人手里的扇子，夏天天气热的时候，男人们就把扇子揣在怀里，握在手心里，时不时挥动两下，凉快凉快，所以夏天是扇子最得宠的时候。可是秋天一到，天气凉快了，扇子就被扔在了箱子里，再也没人看它两眼。这多像曾经受到百般宠幸，最终却因为年老色衰被抛弃的女人啊！从这以后，扇子便成了弃妇形象的代名词。

除了这些明显的代表"弃妇"形象的典故，李清照词里那些比比皆是的愁泪、苦闷、孤独寂寞，难道真的只是一个小女人"为赋新词强说愁"的产物？以李清照的洒脱个性，恐怕不是这种无所事事的无聊之人。这些举不胜举的"蛛丝马迹"，可能恰恰说明，我们的怀疑不是完全没有根据的：李清照并没有像我们希望的那样，"三千宠爱在一身"，而是要与好几个女人分享一个男人，就像那个时候的绝大多数女人一样。正所谓"妾有一夫君二妇，一年夫婿半年亲"，对赵明诚另有新欢的怀

---

① 班婕妤《怨歌行》："新裂齐纨素，皎洁如霜雪。裁为合欢扇，团团似明月。出入君怀袖，动摇微风发。常恐秋节至，凉风夺炎热。弃捐箧笥中，恩情中道绝。"

疑，不是完全没有道理的吧？

那么，渴望两个人一起慢慢变老的李清照，面对这样无奈而痛苦的婚姻局面，她就真的只能逆来顺受，一个人把眼泪默默地吞下去吗？

第十二章
赢得满衣清泪——平地风雷

如果说从李清照的词里面去寻找那些代表"弃妇"的典故，然后把它们放大成赵明诚喜新厌旧的滔滔罪证，还不够有说服力，而且还有点罗织"文字狱"的意思的话，那么李清照在晚年为他们夫妻共同撰写的考古学巨著《金石录》写《后序》时，留下了一句看上去好似无意，实际上却很值得琢磨的话。李清照写这篇《金石录后序》时，赵明诚已经去世多年，他临终时没有专门给李清照留下什么遗言，按李清照自己的说法是："殊无分香卖履之意。"这里又用了一个典故，"分香卖履"，出自《曹操遗令》："余香可分与诸夫人，诸舍中无所为，学作履组卖也。"这是曹操给自己的妻妾留下的遗嘱，意思是：我死了以后，宫中留下的香料可以分给众妾，而宫女们可以学着做鞋卖了养活自己。后来人们常常用这个典故表示临终之人对妻妾的顾念，妥善安排自己身后的众妻妾生计问题。

以李清照的博学，她用这个典故，难道会没有任何用意？作为赵明诚的正室夫人，李清照是有着自己的尊严的，因此，她在这里说丈夫没有"分香卖履之意"，是不是在暗示，赵明诚在临终前，并没有对其他姬妾做出特别的安排？也或者是在暗示，丈夫在去世的时候，给了自己的正室夫人李清照绝对的尊重和信任？不管李清照这样写的用意是什么，这句话至少给了我们这样一种感觉：赵明诚去世的时候，身边并非只有李清照一个女人。只不过，他对其他的女人没有做出善后的安排，没有把自己的遗产分给她们的意思罢了。

也许这样说打碎了很多人的美好愿望。人们总是喜欢将李清照的生活经历和创作经历划分成前后两期。前后两期的分界线很明显：从历史的大背景看，分界线是在公元1126年，宋钦宗靖康元年。靖康之难后，金兵灭了北宋，大批的皇室贵族开始向南方逃难，赵明诚和李清照也在南渡逃难大军之列，吟诗作赋的安稳生活从此结束；从李清照的个人经历来看，就在逃难的这几年中，丈夫赵明诚去世。一个中年妇女，接连遭受国破、夫亡的两大打击，李清照的后期生活，从此转为一片暗淡阴沉。

人们总是一厢情愿地以为，李清照在国破家亡之前的生活是幸福美满的：爱情长盛不衰，夫妻志同道合，她那些伤春悲秋的作品不过是一个小女人的"无病呻吟"而已。可是李清照留下来的这些"蛛丝马迹"还是让人为她担心：这个多愁善感的女人，她的愁、她的泪，恐怕不是空穴来风，而是生活当中真的有一些缺陷。甚至，现在还有些学者认为，李清照的词里有些句子，暗示自己爱情失落的意思是相当明显的。比如，李清照的《凤凰台上忆吹箫》，其中有这么几句：

多少事、欲说还休。新来瘦，非干病酒，不是悲秋。

读诗读词有很多种读法。有的人是囫囵吞枣，"好读书不求甚解"，匆匆扫一遍，觉得这首诗词读起来上口，文字很流畅，感情很真实，能打动人，大概意思也明白，这就是好的文学作品。有的人，却是拿着"放大镜"去读，每一句话，甚至每一个字都要弄个水落石出，不但有意思的地方要读出意思来，没意思的地方恨不得也要读出意思来。就比如这句"多少事、欲说还休"吧。想想看，凭李清照这么豪放洒脱、这么大胆叛逆的性格，还有什么事情，是连她都不敢说，说不出口，要"欲说还休"，话到了嘴边又强迫自己咽回去的呢？

这样一读，还真的就从"没意思"的地方读出那么点"意思"来了。何况，"欲说还休"后边还跟着那么几句："新来瘦，非干病酒，不是悲秋"。这个本来就瘦精精的骨感美人，为了什么事又更瘦了呢？原因既不是喝酒伤了身，也不是"悲秋"。悲秋至少也有两层含义：或是感叹时间过得太快，年怕中秋月怕半；或是通过感叹时间过得快，进一步感叹自己老得快，因为人生也有秋天。可是，李清照自己说，我"瘦"的原因不是悲秋。也就是说，"瘦"，并不仅仅是因为自己老了。

那么，还能是什么原因，会让李清照这样天不怕地不怕的女子也难于启齿？剩下来的可能的原因，好像就只有一个了：丈夫的心不在自己身上了，至少，是不完全在自己身上了。

回过头来再看，上文讲过的李清照好酒也好，好赌也好，"好色"也好，还是胆大包天，谁都敢骂也好，这些叛逆狂傲的表现，都必须有一个前提，那就是自信！一个传统女性的自信能建立在什么基础之上？答案大约只能是美貌和才气。有了这两点保障，才能拴住丈夫的心。李清照之所以能够如此狂傲自负，跟丈夫的纵容是有很大关系的。比方说，没有丈夫的默许，她敢指着公公的鼻子骂他是"冷血动物"？

可惜的是，进入中年之后，李清照的"自信"也许慢慢开始向"自卑"靠拢了。因为这时候，女人的两大资本至少缺了一半：对于一个中年女人来说，也许什么都能留得住，就是美貌留不住。美貌没有了，丈夫的心还能是她坚强的依靠？只不过，自信惯了的李清照，想要彻底扔掉她的自信，"自卑"地承认自己的失落，那也不是件容易的事，所以，他们夫妻间发生的"多少事"，也只好"欲说还休"了吧？

不过，虽然女人自信的两大资本：美貌和才气，中年李清照已经丢了一半——年轻美貌，但是她至少还留着另一半——才气。才气跟美貌不一样，美貌是随着年龄的增长越来越少，才气却是随着年龄的增长、阅历和学识的增长而增长的。才高八斗，学富五车，并不是天生的，而是后天一步一步积累起来的。没出嫁前，李清照已经是当时最有名的才女，嫁给赵明诚后又是二十多年的韬光养晦，早就是一般女人望尘莫及的超级大才女了。而且跟丈夫二十多年的共同奋斗，还有谁能比她更了解丈夫的脾气，更能够在丈夫的事业上助他一臂之力呢？因此，虽然赵明诚跟那时候的大多数男人一样，可能免不了三妻四妾，可能免不了要拈花惹草，逢场作戏，可是"身体出轨"，并不一定意味着心也跟着出轨。也许赵明诚就像李清照手里攥着的一只风筝，不管飞得多高多远，看过多么漂亮的风景，最终还是得回来。

有句话说得好："以色事人者，色衰而爱弛。"女人往往太自恃自己的美貌，可是往往最靠不住的也是美貌。李清照拴住丈夫靠的绝对不仅仅是美貌，更主要的是才气。就凭这一点，赵明诚娶再多的妾，逛再多的妓院，也找不到第二个女人可以代替李清照在他事业和生活中的地位。有这么一个故事，可以证明，赵明诚风流归风流，可在他心里，不管经历过多少女人，最重要的还是李清照。

这件事发生在靖康元年。赵明诚在这年偶然见到了一百幅白居易亲笔楷书的《楞严经》，对于他这样疯狂的收藏家来说，那可比天上掉一千两黄金下来还要高兴啊！赵明诚从一户姓邢的人家那里，一拿到这幅白居易的真迹，马上骑上马往回跑。赶回去干啥啊？"与细君共赏"。细君即夫人，夫人就是李清照啊！你看，他拿到宝贝的第一想法：就是要第一时间赶回去，跟李清照一起好好欣赏这幅字。回家时，天已经很晚了，两人兴奋不已，用赵明诚自己的话说，是"狂喜不支"，哪里还想睡觉？于是两人喝酒庆祝。这酒一喝，他俩都喝得醉醺醺的，还舍不得放下宝贝去睡觉，又煮了一壶"小龙团"茶，边喝茶醒酒边欣赏字画。

"小龙团"茶具体是什么茶，现在不好说，但是可以知道的是，这是一种很名贵的茶，对于李清照他们这样的官宦人家、书香门第来说，喝茶绝对是一件很讲究很风雅的事。李清照自己写过一句词，"酒阑更喜团茶苦"，看来，小龙团是一种很苦很浓的茶，有醒酒的功效，大约和现在身价暴涨的普洱茶或者黑茶有些相像。

可见，一边欣赏宝贝，一边喝酒煮茶，是这夫妻俩很日常的生活方式。这一天，他们也是这样：仔细展开白居易的手迹，促膝把玩，一支蜡烛烧完了，换一支，又烧完了，还是不肯睡，赵明诚干脆和李清照一起，磨好墨，铺开纸笔，把得到《楞严经》的前后经过，包括怎么急急忙忙赶回家跟李清照一起分享快乐的情景，原原本本地记了下来。

这件事证明李清照的美貌虽然逝去了，甚至丈夫也不再像从前那样一心一意了，但他们的家庭和爱情并没有破碎。赵明诚并不是一个忘恩负义的人，他心里始终都有一个李清照。也许他生活的轨道会偶尔偏离，但那不是他的错，那是时代的错，是那个时代生活观念的错。所以，李清照不管有多少"欲说还休"的痛苦，她都不会将错误全部归罪于赵明诚，她之所以愿意独自将这一切的愁苦悄悄埋在心里，是因为她始终很清楚：只有她，才是跟丈夫"平生与之同志"的唯一女人。

虽然婚姻中有一些这样那样的缺陷，有一些令人不愉快的插曲，比如说婆家与娘家你死我活的政治斗争，比如说丈夫偶尔的花花心思，但这都不会从根本上动摇李清照的"完美生活"。但可惜的是，这样的"完美生活"，终于在靖康元年永远地烟消云散了。

宋代的靖康之难又叫"靖康之耻"。抗金名将岳飞写过一首词《满江红》，其中有这样几句："靖康耻，犹未雪，臣子恨，何时灭？"就在这一年，金兵一举灭了北宋，俘虏了大宋两个皇帝，可是，这其中还有很多细节有待了解。靖康之耻，到底耻在哪里？臣子之恨，恨的又是什么？

所有的历史事件都不是偶然的，宋太祖赵匡胤轻轻松松地"杯酒释兵权"，定下了宋朝三百年的基本国策：重文轻武。重文的好处，虽然造就了宋代文化的空前发展，但片面的"轻武"，却又埋下了宋朝三百年来内忧外患不断的种子。宋朝从皇帝开始，普遍怕打仗，越是怕，越是要受人欺负，在北宋，先是辽国，后来是金国，时不时在宋朝边疆上闹腾那么两下子，就把个宋朝上下弄得鸡犬不宁，人心惶惶。

说实话，宋代倒并不缺能带兵打仗的优秀将士，可武将们非但没有实权，还要时时刻刻担心一不留神触了皇帝的霉头。在宋代，哪怕是将兵十万，恢复失地、得胜归来的大将军，那

陈洪绶《歌诗图》

种荣耀还比不上新科状元戴朵大红花、敲锣打鼓地去游街。宋朝上上下下，皇帝怕打仗，武将不肯打仗，宋朝成了一个普遍"缺钙"的朝代。尤其是皇帝们一个个都得了"软骨症"：人家当皇帝都是想着怎么恢复失地，扩张领土，宋代的皇帝却一贯缩手缩脚。人家是猫捉老鼠，宋代是老鼠玩猫，"老鼠"一叫唤，"猫"就吓得直哆嗦。

宋代的第三个皇帝，宋真宗赵恒就是一只典型的怕"老鼠"的"猫"。999年9月，辽兵大举南侵，真宗先还做做样子，命令傅潜带兵抵抗。没想到傅潜也是只软骨头猫，他带兵在定州驻扎，边城被犯，百姓惊惶，他带的八万兵却关上大门，缩在城里不敢迎敌。当时的定州行营都部署范廷召，气得指着傅潜的鼻子骂："你怎么胆小得还不如一个老太婆!"

胆小得不如一个老太婆的可不止傅潜一个人。1004年，辽兵再犯，侵入澶州，直逼当时宋朝的都城东京（河南开封），宋真宗吓得不知所措，底下的一批"软骨头"臣子们有的主张逃到南京去，有的请皇帝"驾幸"成都，宋真宗正在犹豫往哪儿逃好呢，幸亏出了个硬骨头的宰相寇准，逼着宋真宗御驾亲征。皇帝亲征，自然鼓舞了将士们的士气，所以皇帝的御驾还只到卫南，就得到了澶州得守、宋军获胜的喜讯。真宗一听，立马得意洋洋掉头回京，还沾沾自喜地大摆庆功宴，庆祝自己凯旋。但是宋朝将士用生命换来的胜利却像战败了一样屈辱，真宗派大臣去与辽军议和，订立了"澶渊之盟"的宋辽和议：宋朝每年要给辽进贡金银布匹三十万，以换来暂时的和平。主战派的首领寇准反而被罢相，朝中实权被主和派控制，军事上更加被动和软弱。宋朝要进贡的财物越来越多，版图却越来越小。

到宋徽宗的时候，辽国已经被金国灭掉了。一个辽国已经把北宋朝廷闹腾得人心惶惶，何况又来了一个更加气势汹汹的金国。刚刚灭了辽国的金国统治者，又把大宋王朝当成了砧板上的肉，开始磨刀霍霍了。1125年冬天，金人派两路大军直取中原，尤其是东路军，一路所向披靡，根本就没遇到过什么像样的抵抗。短短一两个月的时间，还在莺歌燕舞、醉生梦死的宋徽宗，就接到了雪片似的警报：太原丢了，北京丢了，都城开封危在旦夕……

泱泱大宋，居然挡不住区区六万人的金兵突袭。可是，这还不是最可怜可笑的，最可怜可笑的是，泱泱大宋的皇帝，在金人兵临城下的时候所表现出来的荒唐。这样的荒唐，不仅决定了大宋王朝的命运，也决定了整个宋朝百姓，包括李清照后半生的悲惨命运。

要说宋朝的荒唐皇帝也不止宋徽宗一个，可谁让他最倒霉，摊上了最倒霉的事呢？几百年才能出那么一两个亡国之君，偏偏宋徽宗榜上有名。据说金国"大军"兵临城下的时候，宋徽宗急得像热锅上的蚂蚁似的。怎么办？学他老祖宗的办法，逃吧！可他是堂堂皇帝、一国之君，逃也要逃得有个说法。这个说法还真让他找到了：把皇位让给儿子。儿子是皇帝，责任就不在自己，就可以安安心心逃命了。于是，宋徽宗包袱一甩，禅位给了赵桓，也就是比他更倒霉的宋钦宗。1126年，是宋钦宗改年号的第一年——靖康元年。就在这一年，宋朝的历史被彻底改写了，李清照的人生也被彻底改写了。

第十三章
空梦长安，认取长安道——靖康之难

　　宋徽宗不当皇帝了，心安理得带着他最宠幸的两大奸臣：蔡京和童贯一溜烟往南方逃了。据说太上皇宋徽宗过浮桥的时候，以前的御前卫士们还追着皇帝，攀住浮桥，悲痛地大哭。皇帝出逃，那可是亡国的前兆啊！连卫士都知道痛哭，当皇帝的心里，难道就不觉得羞愧？最可恨的是，那个大奸贼童贯看着不肯松手的卫士，急得要命，生怕耽误了时间，逃不了了，竟然命令随行的士兵用弓箭射退那些痛哭的卫士们，赶紧向亳州进发……

　　再说宋钦宗赵桓，刚一继位，就捞了个烂摊子。俗话说得好，初生牛犊不怕虎，宋钦宗会不会有一番大作为呢？事实上，这宋钦宗跟宋徽宗一样，也是个软骨头，刚刚将太上皇送走，他自己心里也开始打小算盘：要不，我也走吧？老头子都走了，我还傻乎乎地留在这里当替死鬼啊？

　　朝廷里的大臣也分成了两派，吵作一团。一派坚决主张向金兵求和，皇帝赶紧带着亲信逃跑；另一派以李纲为首，坚决主张抵抗到底。宋钦宗自己本来是很想逃跑，再派人与金兵求和的，可惜金兵很快便将开封围得铁桶似的，根本不给他逃跑的机会了。所以，他只好硬着头皮同意了李纲的主张，一边派李纲领兵坚守开封，一边号令四方军队赶快前来支援。

李纲曾经写过一首词《喜迁莺·真宗幸澶渊》，就是借用宋真宗在寇准的坚决主张下，御驾亲征，取得澶州大捷的故事，来鼓励宋钦宗，希望他能像老祖宗宋真宗一样。据说宋真宗的伞盖还只在城头上飘扬了那么几下，士气就大振，辽军主帅被一箭射死。可惜的是，一代不如一代，这宋钦宗比起他的老祖宗宋真宗来，又不知道差了几千几百里去了！

在李纲率领开封军民坚决保卫都城的时候，宋钦宗却听信奸臣的话，时不时动了逃跑的念头。一会儿说：啊呀呀，我的皇后已经先逃跑了，我要追她去；一会儿又说：啊呀呀，金兵已经答应我们的求和了，你看，只要给他们几百万两黄金，我叫他们的皇帝一声"伯父"，给他们几个亲王、大臣当人质，我们就可以太平无事了……可怜李纲这样一个铁血男儿，偏偏碰到了这样一个扶不起的阿斗！

要知道，金兵已经包围了开封，为什么还愿意答应宋朝的求和？那是因为害怕。因为在李纲的领导下，开封城没攻下，从四面八方陆续赶来支援的宋军已经达到了二十多万人，要捉他深入腹地的六万金兵，那还不是瓮中捉鳖？金人也不是傻子，明明看到形势不利于自己了，当然愿意跟宋朝议和。条件是要求宋朝送给他们五百万两金子、五千万两银子，更无耻的是，他们还要求宋朝割让太原、中山、河间三镇。这样屈辱的议和条件，怕死的宋钦宗不顾李纲的反对，居然全部答应下来了！

议和的条款是全部答应下来了，金兵却吃准了钦宗的软弱，并没有善罢甘休，反而继续对开封发起了进攻。可是因为有李纲的坚持，开封城久攻不下，金兵只好得了便宜卖个乖，暂时撤退。撤退后的金兵还对李纲心有余悸，每次宋朝派大使去金国首都"请安"的时候，金国朝廷一定会问：你们的李纲身体还好吗？

金兵一撤退，北宋朝廷又好了伤疤忘了痛，以为从此天下太平了，又可以长治久安了。于是逃到南方去的宋徽宗也回到开封，跟钦宗一起举杯庆祝，又开始了歌舞升平的日子。有大臣提醒宋钦宗：金兵这次得了这么多好处，一定更加不把我们中国放在眼里，过不了多久肯定会卷土重来的。可是沉浸在"胜利"中的钦宗哪里听得进去，不仅不加强守备，反而命令四方的援军全部撤回原地，还罢免了开封保卫战的头号功臣李纲。

历史又惊人地重现了：在寇准的坚持下，宋朝取得了澶州大捷；在李纲的坚持下，开封保卫战取得了胜利。可是，历史又绝对不会简单地重复：宋钦宗没有真宗那么好的命，在开封大战后还能安安稳稳坐他的皇帝宝座。

撤退半年之后，也就是在靖康元年的八月份，金兵真的卷土重来，十一月份再一次包围了开封。这回开封城里再也没有李纲那样的铁血男儿，为了大宋疆土、为了大宋尊严浴血奋战了。一国之君宋钦宗，彻底慌了手脚，逃也不能逃，战也不会战，只能像个无知小儿，在宫里号啕大哭。

开封城沦陷了。大宋的半壁江山，从此改姓了"金"。亲自到金兵军营投降的宋钦宗，连同父亲宋徽宗，一起被废为庶人。昔日不可一世的大宋皇帝，成了手无寸铁的俘虏。第二年，金兵撤离开封，将两位前任皇帝以及大批皇亲国戚、年轻貌美的后宫妃嫔全部抓走，国库里的金银财宝、文物图书也被洗劫一空。这就是历史上著名的靖康之难。多少年来，宋朝人还羞于提起这段历史，说到两位皇帝被俘虏的事，面子上还要替他们遮掩一下，说皇帝是"北狩"去了，也就是说：我们的皇帝只是到北方打猎去了！可事实上，大家心里都很明白，他们的皇帝不是打猎去了，而是被人"猎"去了。

开封城血雨腥风的这段日子里，李清照并不在开封，而是跟着丈夫在淄州任上。这时，他们夫妻俩几十年来积累的金石文物、书画古籍已经是堆积如山。他们听说金兵进犯都城开封，继而开封失守，夫妻俩对着满屋子的收藏品伤感起来：好日子已经结束了，几十年来积累的这些宝贝也保不住了，两人的痛苦可想而知。不久，赵明诚的母亲去世，按惯例，夫妻俩又得为母亲守孝。于是，逃难，再加上奔丧，夫妻俩不得不忍痛割爱，挥泪告别这朝夕相处了一辈子的宝藏。

当然，就算是奔丧、逃难，也还是舍不得什么都不带走。两人权衡了半天，终于做出决定：那些有多种版本的古籍书画，没有落款的文物、太大太重的古器、还有一些价值平平的字画统统留下不带。就这样一舍再舍，他们整理出来的行李中，要带走的收藏品还是装了满满十五车！而他们在青州的老房子里，还有十几间屋子的书画收藏品。他们准备南下的时候，还想着：等明年局势稍微安定了以后，再用船来把这十几间屋子的宝贝运走。

这一年，已是 1127 年，建炎元年。原来，徽宗和钦宗被俘虏到金国去以后，徽宗的第九个儿子、钦宗的弟弟康王赵构于 1127 年 5 月，在应天府（商丘）当上了皇帝，这就是南宋历史上的第一个皇帝，宋高宗。

高宗即位的时候，刚开始还起用了著名的抗金将领李纲。可惜得很，宋高宗并不比他的父亲和哥哥更有骨气，没多久，他就赶走了李纲，听从主和派的话，一路往南逃，一边逃一边还写信向金兵求情，哭诉自己多么可怜、多么狼狈，苦苦哀求金兵放自己一马：求求你们吧，别再追我了，饶了我吧，我没地方可逃了啊！金兵哪里睬他这一套，一路穷追猛打，果然把他逼得无路可逃，只好跳到船上，从海路逃到了浙江温州。金兵因为战线拉得太长，在建炎四年撤兵回到北方。宋高宗这才栖栖遑遑地溜回临安（杭州）。

与此同时，宋徽宗和宋钦宗在金人的地盘里，过着生不如死的亡国奴的生活，听说赵构当了皇帝，还伸长了脖子在那儿盼着，以为他肯定会想办法接他们回去呢！哪里想到，"虎父无犬子"，赵构非但没能耐接他们回去，还很可能压根儿就不想接他们回去。因为徽宗、钦宗要是回去了，一个是父亲，一个是哥哥，谁都比他来头大，一山容不下二虎，三个皇帝都到齐了，皇帝的位子还能轮得到他赵构？因此，徽宗、钦宗父子两个，就安安心心在北方"打猎"吧！

就在高宗即位当皇帝，改元建炎的这一年，李清照夫妻俩准备带着十五车书画文物南下。这年八月，忽然得到消息：赵明诚被南宋朝廷起用，知江宁府，必须立即轻装奔赴任上。于是，李清照只能独自一人带着十五车收藏品继续南下，过淮河，渡长江，来到建康。就在同年十二月，金兵攻陷青州，他们留在青州的十几间屋子的收藏品化为灰烬。这是夫妻俩收藏品的第一次重大损失。

第二年春天，李清照到达江宁，与丈夫会合。经历了颠沛流离的逃亡，李清照不再是那个一味沉浸在闺房哀乐中的小女人，她见识了风起云涌的战争，感受着国家灭亡带来的人民苦难，咀嚼着逃难生活的辛酸悲苦。她的心里，装着的不再只是个人的喜怒哀乐，而是国家的命运起伏。就在逃亡过程中，她写下了著名的诗句：

南渡衣冠少王导，北来消息欠刘琨。

相对于她的词来说，李清照流传下来的诗并不多，但是她的诗字字铿锵，句句有力。宋词通常被分为两大派别，一派婉约，一派豪放。豪放派的代表是南宋著名的抗金爱国词人辛弃疾；而婉约派的代表人物就是李清照。巧的是，婉约派词宗李清照和豪放派词宗辛弃疾都是济南人。不过，虽然李清照被人称为婉约派词宗，她的诗风格却不一样，多表现出倜傥豪迈的大丈夫气。在男人普遍女性化的宋代，一个弱女子，却偏偏生就一副很多大男人都望尘莫及的铮铮风骨。

关于宋代女性化十足的时代风气，北宋的理学大家程颐就曾经说过"今人都柔了"的话。他认为，北宋自宋太祖以来，"人皆柔软"。"柔软"可不是用来评价女人，而是用来评价宋代男人的。当然，程颐的原意倒也并不是骂宋代的男人"软骨头"，他也没这个胆儿。可是这个"人皆柔软"，真的是一语道破天机：宋代亡国，亡就亡在这个"柔软"上了。所以李清照还有一句很有名的诗"何为出战辄披靡"，就是借唐朝的安史之乱讽刺当时的北宋朝廷，意思是说，这么大个国家，为什么偏偏一打仗就惨败在小小"胡人"的铁骑之下呢？质问唐朝是假，实际上却是在批评宋朝软骨头，不经打。

李清照骂得痛快！这个小女子，别看在太平盛世的时候只会风花雪月、喝酒赌博，真到了国难当头的时候，个性中血气方刚的一面马上就张扬起来，比宋朝那些贪生怕死、醉生梦死的"大男人"们，不知道伟大了多少倍。南宋从宋高宗赵构开始，先还装模作样，组织了几次北伐，一副要"中兴"大宋皇朝的样子。可是骨子里，根本就只想守着残余的半壁江山，苟且偷安：只要你金人放我一马，要我做什么都成。因此那些胸怀亡国大恨，立志要抗金到底的一批爱国将士，像李纲、韩世忠、岳飞、张浚，有的被罢官，有的被解除兵权，岳飞干脆被陷害至死。还有一批爱国志士压根儿连上前线的机会都没捞着。像辛弃疾，摩拳擦掌了一辈子，空有一腔报国的理想和才华，只有在北方当"游击队员"的时候，才与金兵真实地要过几次威风，可一回归南宋朝廷，就只好老老实实受着皇帝和一大帮子软骨头大臣的钳制，一世枭雄，再也没有施展抱负的机会。也难怪李清照要对天长叹"南渡衣冠少王导，北来消息欠刘琨"了。

这两句诗用了历史上两个著名人物的典故。一个是王导，晋代人。西晋定都洛阳，因为北方少数民族入侵，西晋最后两个皇帝怀帝和愍帝被俘虏当了亡国奴。后来元帝在南方建康（南京）称帝，这就是历史上的东晋。晋王朝从北方的洛阳，渡江到了建康，历史上称为"南渡"。晋王朝的"南渡"与宋王朝的"南渡"何其相似！而王导就是晋元帝南渡即位以后任用的宰相，"衣冠"则指的是士大夫官僚。

据说，南渡的一批士大夫们，在一次聚会宴饮的时候，其中有个人长叹一声，说："唉，虽然这里的风景和我们中原没什么两样，可惜感觉上，已经不是我们的家乡了。"在座的人听了，都默默叹息流泪，只有王导，一下子板起脸，掷地有声地说："我们应该一起齐心协力，恢复神州国土，怎么能在这里大眼瞪小眼，只知道没出息地哭鼻子呢？"

刘琨跟王导是同时代人，和王导一样，是辅佐晋元帝登基的大功臣，也是西晋著名的北伐将领。成语故事"闻鸡起舞"说的就是刘琨和他的好朋友祖逖，每到半夜听到鸡叫声，便起来苦练武功，后来两人都成为西晋北伐将领中的中流砥柱。

李清照博学多才，她信手拈来的这两个典故，不就是讽刺大宋朝中无人，没有像王导和刘琨这样的"硬骨头"吗？朝中即使偶尔冒出个像岳飞这样的硬骨头，还硬是被宋高宗和他所信任的秦桧，当成了眼中钉、肉中刺，不彻底拔掉誓不罢休。这秦桧是什么人？大汉奸啊！秦桧本来早就投降了金国，在金国当了官。他回南宋的时候，说是杀了监视他的金兵之后逃回来的，其实，他就是金人派回来的内奸！

可恨宋高宗听信了秦桧的一派花言巧语，让他大权独揽，到后来连皇帝自己都成了听由他摆布的一粒棋子儿。难怪跟李清照同时代的爱国诗人陆游也要愤怒地大声疾呼："公卿有党排宗泽，帷幄无人用岳飞！"宗泽是辅佐宋高宗在乱世中登基称帝、稳定局势的功臣，著名的抗金志士，可惜和岳飞一样，都受到了当权派的排挤。试想有秦桧这样的人在朝廷中横行霸道，北伐抗金、恢复国土还能有指望？即便有像王导、刘琨一样的有识之士，也是报国无门啊！因此，虽然李清照跟秦桧的老婆是亲戚，不过，以李清照人品的高洁，却一直因为有这样的亲戚而感到耻辱，从来不跟他们来往，立场十分坚定。

国难当头，匹夫有责。在奸臣当道的南宋朝廷，李清照敢于挺身而出，大胆指责朝廷的软弱无能、苟且偷安。这样的勇气、这样的胆识，难道不让那些口口声声以天下为己任的"大男人"们感到羞愧？

靖康之难，让李清照经历了国破家亡的巨大痛苦，可是，这样的痛苦还只是一个开始，更大的劫难还在前面等待着这位命运多舛的传奇女子，并且将李清照推入了万劫不复的黑暗之中。

第十四章
吹箫人去玉楼空——丈夫去世

在国难当头的时候，李清照表现出了英勇无畏的大丈夫气概，表现出了渴望恢复中原、重返故土的胸襟和抱负，相比之下，当权派们的奴颜婢膝、自私自利就显得分外可耻了。这样的英雄气概，连与她相濡以沫了近三十年的丈夫赵明诚，也要自愧弗如。

不过，赵明诚一个考古学家、一介文人，国破家亡又不是他一个人的错，他为什么要感到羞愧呢？

要知道，赵明诚好歹也是朝廷命官，比起本应在深闺中"两耳不闻窗外事"的妻子来说，他肩负着更加重大的责任。建炎三年（1129 年），也就是南渡第三年的二月，赵明诚当时正在江宁担任知府。一天深夜，城内发生兵变。兵变前夕，赵明诚的同事，江东转运副使李谟事先得知了消息，赶紧将兵变的事悄悄告诉了镇守建康的赵明诚。赵明诚居然对这天大的消息无动于衷。李谟没办法，只好自己派军士和民兵埋伏在城里。半夜兵变的时候，埋伏的军士们有备而来，打退了进攻的叛军。等到天亮以后，李谟来找赵明诚汇报情况，却吃了个闭门羹，他这才发现赵明诚居然在半夜的时候，从城墙上拴了根绳子，带了两位手下一起，悄悄地逃跑了！

事后，赵明诚被罢官，两位手下各降两级。

这件事一发生，我们可以想象，像李清照这样豪气干云、眼里容不得半点沙子的女人，面对丈夫懦弱无能、贪生怕死的举动，心里该是多么悲凉、多么无奈。

赵明诚罢官之后，夫妻俩离开江宁，再一次过起了逃亡生活。就在这年四月，宋高宗也逃到了江宁，江宁府改称建康府。逃亡途中，在路过乌江时，李清照写下了这首名垂千古的绝句：

生当作人杰，死亦为鬼雄。至今思项羽，不肯过江东。

这首诗一开篇便铿锵有力："生当作人杰，死亦为鬼雄。"这是用到了屈原《九歌·国殇》一诗中的典故："身既死兮神以灵，子魂魄兮为鬼雄。"诗句的原意是英勇的战士就应该视死如归，即使战死沙场，英雄的魂魄还会显灵，震慑敌人，英雄的鬼魂一定也是鬼魂中的雄杰！

"至今思项羽，不肯过江东"则用到了另外一位英雄人物——项羽的典故。

原来安徽的乌江就是当年楚汉相争时，楚霸王项羽自杀的地方。据说项羽被刘邦逼到乌江时，乌江亭长准备了一艘船，对项羽说：江东地方虽然不大，但是也可以聚集几十万人，足以让您继续称王。他劝项羽先逃了命再说，等以后有机会东山再起，卷土重来。可是项羽仰天长笑，说："是天意要我灭亡，我又何必渡江逃跑呢？想我项羽当年率领江东子弟渡江往西，驰骋多年，创下多少丰功伟绩。如今这些子弟没有一人生还，我还有什么面目逃回江东去，面对我的父老乡亲！"

李清照写下这样慷慨豪迈的诗句，明摆着，是说好男儿活着要顶天立地，死也要死得光明磊落，岂能做一个苟且偷生的鼠辈！她是多么怀念那个宁可杀身成仁、也不肯临危逃跑的英雄项羽啊！

李清照虽然骂的并不是自己的丈夫，而是南宋那些贪生怕死的软骨头，可是赵明诚刚刚做了临阵脱逃的胆小鬼，难道他听了不会觉得羞愧？难道在胆气纵横的妻子面前，他还能够面不改色心不跳、不想找个地洞钻下去？

当然，在李清照面前，应该找个地洞钻下去的"大男人"远远不止赵明诚一个人。所以，即使做了临阵脱逃的胆小鬼，赵明诚的被罢官也只是象征性的。两个月后，也就是同年五月，赵明诚在逃亡的路上，又接到了朝廷的旨意，被重新起用为湖州知府。

在逃难旅途中相依为命的夫妻，再一次面临了人生不可知的离别。而且，这次离别，在李清照看来，一开始就有了太多不祥的预兆。

这次，赵明诚必须与李清照告别，先行从陆路赶到建康去，参见暂时驻跸在那里的宋高宗。六月十三日，被重新起用的赵明诚似乎已经忘记了临阵脱逃的耻辱，意气风发地与妻子告别。可是李清照这回的感觉却很不好，她对已经上岸准备出发的丈夫喊道："如果城里局势恶化，我该怎么办啊？"赵明诚叉着手，远远地答复她："反正你跟着大家一起跑就行了。如果实在到了迫不得已的时候，先扔掉笨重的家伙，其次是衣服被褥，再次是书画，最后再扔古器。只有最珍贵的宗器，绝对不能扔，人在东西在。要是东西丢了，除非人死了！"说完，骑着马，一溜烟绝尘而去。

赵明诚的临别嘱咐，一方面体现出一个考古学家令人敬重的职业精神，一方面却又留下了深深的遗憾：在这个兵荒马乱的时候与妻子离别，他最关心的是自己的收藏品，竟没有只言片语关照妻子的安危！

这一回，李清照还没有来得及品尝离别的相思，没有来得及品味近三十年婚姻的得与失，分手时的不祥预兆很快就应验了。

七月末，她收到了改变她后半生命运的一封信。从信中她得知，赵明诚日夜兼程奔往建康，途中中了暑，一到建康就病倒了。李清照一看到信，心里就急得火烧火燎似的。因为近三十年的朝夕相处，她太了解自己的丈夫了：别看赵明诚是个考古学家，做学问坐得住冷板凳，可是脾气却很急躁。中了暑，肯定不管三七二十一，就拼命吃清热的寒药，那病可就会越发危险了。李清照不敢耽误，立马启程，紧赶慢赶，一天三百里路，飞也似的赶到了建康。等她赶到时，性急的赵明诚果然已经自作主张，吃了大量的柴胡、黄芩，疟疾加上痢疾，已经病入膏肓了。守候在丈夫病床前的李清照，这时已经无力回天。八月十八日，赵明诚永远地告别了相伴近三十年的妻子，并且临终前"殊无分香卖履之意"，没有给妻子留下关于如何安排身后事的遗言……

一位绝代才女，在步入老境时，被孤苦无依地扔在了这个看不到光明的世界上。从此，那种浓厚的绝望与哀愁，成为她晚年文字中挥之不去的情绪，这以后的李清照，就成了被泪水浸泡的一个泪人儿：

> 小风疏雨萧萧地，又催下、千行泪。吹箫人去玉楼空，肠断与谁同倚？一枝折得，人间天上，没个人堪寄。（《孤

雁儿》）

李清照在她的词里再一次用到了弄玉和箫史的故事——"吹箫人"：她多么希望她和赵明诚也能像弄玉和箫史一样，夫唱妇随，白头到老，在地为连理枝，即使升天，也能在天为比翼鸟啊！可惜的是，赵明诚没能陪她到天荒地老。吹箫的人已经一去不复返，只留下空空的玉楼。纵然梅花再开，报告了春天的消息，可是折一枝梅花在手，又能寄给谁呢？"人间天上"，这已经不再是淡淡哀愁的短暂相思，而是不可挽回的两个世界了。她和赵明诚，一个人间，一个天上，再也没人和她一起踏雪寻梅，再也没人和她一起烹茶赋诗，再也没人和她一起秉烛夜谈，甚至再也没人和她一起斗气赌狠，再也没有人能和她一起"归去来兮"、偕隐山林……

安葬赵明诚后，李清照写下了催人泪下的祭文："白日正中，叹庞公之机敏；坚城之堕，怜杞妇之悲深。"她悲叹着，丈夫正处在人生的壮年，以丈夫的学术积累和智慧，他的前途还大有可为。可是，如日当空的丈夫却遽然撒手西去，抛下妻子独自一人承受命运的悲怆。

这几句祭文用到了两个典故，一是庞公，另一个是杞妇。庞公即庞蕴居士，是著名的佛家居士，他的妻子、儿子、女儿都深受佛教禅宗的影响。[①] 据说庞居士曾与他的女儿灵照以生命为赌注来斗了一次禅宗的机锋：庞居士临终之前，让女儿灵照去看看太阳升到了什么地方，女儿谎报说："日已中矣，而有蚀也。"庞居士便出门观看，女儿趁机赶紧登上父亲的座位，合掌

---

① 宋代释道原《景德传灯录》载："将入灭，令女灵照出，视日早晚，及午以报。女遽报曰：'日已中矣，而有蚀也。'居士出户观次，灵照即登父坐，合掌坐亡。居士笑曰：'我女锋捷矣。'于是更延七日（而亡）。"

去世。女儿以死为代价，终于斗过了父亲，使得庞居士不得不感叹："我的女儿真是机锋过人啊！"为了表示自己甘拜下风，庞居士特意推迟了七日才去世。

李清照这里借用庞公的典故，也许是想说明丈夫赵明诚先于自己而亡，比起自己这个未亡人而言，其实要聪明得多也幸福得多——因为逝者已逝，生者却从此要沉浸在永远的悲痛之中，承受生命中一而再再而三的苦难。

杞妇是指春秋时期齐国大夫杞梁的妻子。史载杞梁战死之后，其妻无子，又无至亲可以投靠，"乃枕其夫之尸于城下而哭，内诚动人，道路过者，莫不为之挥涕"。如此痛哭十日之后，城墙也为之崩塌。孟姜女哭倒长城的故事就是从此演变而来的。① 可见，李清照是用杞梁妻痛哭其夫的故事，来表达自己的悲伤之情。同时也可能暗含着将丈夫赵明诚比喻为国之长城，一朝崩塌而带来的无限心痛。

从靖康之难到赵明诚去世，不过短短的三年时间，接踵而来的巨大变故，成了李清照前后期生活的分水岭。

换了别的女人，在经历了国难之后，又遭受了夫亡的沉重打击，也许早就一蹶不振了。可李清照毕竟是李清照，她没有倒下，也不能倒下！虽然丈夫临终前没有给她留下遗言，但是三十年的婚姻生活，早已将她和丈夫融化成了一个人。赵明诚即使什么都没有说，李清照也能知道，丈夫最放心不下的是什

---

① 《左传·襄公二十三年》："莒子亲鼓之，从而伐之，获杞梁。莒人行成，齐侯归，遇杞梁之妻于郊，使吊之。"《孟子·告子下》："杞梁之妻善哭其夫，而变国俗。"《古列女传·贞顺》："齐杞梁殖之妻也。庄公袭莒，殖战而死。庄公归，遇其妻，使使者吊之于路。杞梁妻曰：'令殖有罪，君何辱命焉。若令殖免于罪，则贱妾有先人之敝庐在，下妾不得与郊吊。'于是庄公乃还车，诣其室，成礼然后去。杞梁之妻无子，内外皆无五属之亲，既无所归，乃枕其夫之尸于城下而哭。内诚动人，道路过者，莫不为之挥涕。十日而城为之崩。"

么——他们没有子女，唯一能让丈夫牵肠挂肚的，就是那些凝聚了他们一生心血的收藏品。"与身俱存亡"，人在东西在！她不能跟随丈夫一起"升天"，她必须留在人间，完成丈夫未竟的事业。从此，她开始独自一人在世间颠沛流离，为保护他们夫妻的收藏品继续呕心沥血，尝尽世间一切可知与不可知的苦难。

刚刚与丈夫生离死别的李清照，操办完丧事，自己既累且痛，大病一场，奄奄一息。虽然丈夫曾经说过，舍命也要保住他们的收藏品，可是赵明诚遗留下来的那些藏品，凭李清照一个病弱的孤寡老妇，根本不可能全部带在身边。而且此时，金兵又开始大举南侵，宋高宗保住小命要紧，哪里还顾得上什么国家社稷、黎民百姓？他离开建康，又开始仓皇逃窜。在此之前，朝廷已经将后宫人员全部遣散，其中隆祐皇太后逃难到了洪州（南昌）。赵明诚有一个妹夫是南宋朝廷的兵部侍郎，跟随隆祐皇太后在洪州驻扎。于是李清照派丈夫以前的两位手下，将两万卷书、两千卷金石刻以及其他一些藏品护送到了洪州的妹夫那里保存。而李清照自己呢，大病未愈，又经历了一场意外变故。

原来，赵明诚八月病重时，有个叫张飞卿的人听说著名的考古学家到了建康，曾拿了一把玉壶去请赵明诚鉴定收买。当时赵明诚没有买，好像说了句："这不是玉，是珉。"珉也是一种玉石，不过价值比玉要低一些。那人听了似乎不高兴，拿着壶就走了。这件事后来不知怎么传来传去，就变成了一发不可收拾的谣言：有人说，赵明诚是准备向北朝献玉。北朝就是金国啊，亡国的深仇大恨正在暴涨的时候，居然有人想叛变通敌，那可是不得了的罪过！虽然赵明诚人已经死了，可是叛国罪岂是一死就能够了之的？李清照一听这个谣言，吓坏了，为了洗脱加在丈夫身上的流言，她想把身边现存的所有古铜器全部捐献出来，送给宋高宗，并且亲自到朝廷上为丈夫陈述事实，澄清罪名。这样一决定，她便追着皇帝的御驾往越州（绍兴）跑了。可是等她追到越州，因为战争局势紧张，赵构在越州屁股还没坐热，又往四明（宁波）逃去。李清照哪里追得上？

祸不单行，就在这几个月的奔波中，又发生了两件大事。第一件事，是金人在十二月已经攻破洪州，李清照寄存在妹夫那里的两万卷书，以及两千卷金石刻等珍贵藏品，全部毁于一旦。第二件事，是李清照自己在追随赵构逃亡的路上，随身携带准备献给皇帝的古铜器，又在官军收编叛兵的时候被抢夺一空。南渡时装了满满十五车的藏品，到这个时候，只剩下一些轻便的书册卷轴。因为李清照卧病在床时常常把它们放在卧室内，时时把玩一番，所以才保存了下来。所有的藏品，只剩下一半不到。

此时，金兵的入侵仍然没有偃旗息鼓的意思，宋高宗的狼狈逃窜也仍然是马不停蹄。从越州出来，赵构又往明州、定海、昌国、台州、章安出逃，像猫捉老鼠一样，金兵一路从后面追赶，直把赵构逼得无路可逃，只好跳到海里，从船上逃往温州。可怜李清照，只能远远地望着皇帝的龙旗华盖，跟着他狼狈不堪地奔跑。这期间，李清照曾经想投靠在台州（浙江临海）做官的弟弟李远，可是她刚到台州不久，台州就失守，台州太守出逃。她又只好继续流亡。

建炎四年二月，好不容易等到金兵玩猫抓老鼠的游戏玩腻了，从临安（杭州）退兵，局势缓和下来。赵构才绕了一大圈，重新回到越州。

绍兴元年，也就是1131年，李清照也回到了越州，在一户姓钟的人家租了房子，暂时安顿下来。到这时，李清照身边也还剩下五六筐书画砚墨，因不放心搁在别的地方，就藏在卧室的床底下，平时必须是自己亲手开取。可是突然有一天，她发现卧室墙壁不知何时被打穿了一个洞，床底下的书画卷册被偷去了五筐。李清照悲痛不已，于是到处去张贴告示，出重金悬赏，希望能够赎回一部分。

果然，才过了两天，姓钟的邻居就拿了十八轴书画过来求赏，李清照明知是他偷去的，可是兵荒马乱的年代，自己一孤苦无依的老妇，没办法跟他理论，只好按赏价赎回。李清照还千方百计恳求他将其他的卷册也拿出来，按价收购。可是，其他的藏品音讯全无，再也没露过面。在这次藏品的巨大损失之后，李清照的身边，只剩下了寥寥几种价值平平的书册书帖。可就是这几种价值平平的书册书帖，她也还像爱惜自己的眼睛、生命一样，精心珍藏、呵护着。

在含辛茹苦、孤苦伶仃的逃难生涯中，李清照最大的精神依靠，就是丈夫留下的这些收藏品，以及生前撰写的考古学巨著《金石录》。在逃难生活的短暂安闲中，她常常回忆起赵明诚撰写《金石录》的情景：每天晚上下班后，他总要"校勘二卷，跋题一卷"，著作共有二千卷，赵明诚亲手题跋的有五百二十卷。如今，丈夫的手迹还像新的一样，可是他坟前的树木已经长到可以两手合抱了……

每次睹物思人，李清照都不禁悲从中来。于是，她写下了最为详细的一篇自述生平的文章《金石录后序》。在文章的最后一段，她这样写道：

> 昔萧绎江陵陷没，不惜国亡，而毁裂书画；杨广江都倾覆，不悲身死，而复取图书。岂人性之所著，死生不能忘欤？或者天意以余菲薄，不足以享此尤物邪？抑亦死者有知，犹斤斤爱惜，不肯留在人间邪？何得之艰而失之易

也？呜呼！余自少陆机作赋之二年，至过蘧瑗知非①之两岁，三十四年之间，忧患得失，何其多也！……

想当年，梁元帝萧绎建都江陵，当魏兵攻陷江陵的时候，萧绎命令手下将收藏的十四万卷古今图书付之一炬。人家问他为什么要把书烧掉，元帝说："我读书万卷，没想到还是有亡国的这一天，所以要把它们全部烧掉！"隋炀帝杨广亡国的时候，在江都（扬州）被宇文化及杀害。后来唐高祖李渊平定东都洛阳，想把隋炀帝在观文殿收藏的新书八千卷运回长安。据说在运送途中，上官魏梦见隋炀帝质问他："为什么要把我的书运到长安去？"结果，船到黄河的时候，碰上大风暴，船上装载的八千卷书全部翻到了水里，一卷不剩！当天夜里，上官魏又梦见隋炀帝，高兴地对他说："书，我已经全部收回来了。"

李清照在文章里引用这两个故事，是在问自己：难道赵明诚也像梁元帝和隋炀帝一样，将这些书画藏品看得比自己的生命还重要，连死了都不肯让东西留在世上，一定要收回去吗？又或者，是天意认为我没资格享受这些珍贵的东西？为什么当年收藏它们的时候是那么的艰难，可丢失起来却如此容易？唉，我从十八岁嫁给赵明诚（陆机作赋的年龄为二十岁），到如今已经三十四年，这期间，经历过的忧患得失实在是太多了！……

这篇序文的落款是：绍兴二年玄黓岁壮月朔甲寅，易安室题。绍兴二年，即1132年，岁在壬子，"太岁在壬曰玄黓"②；壮月，即八月；朔，农历每月初一。

1132年，李清照应该是五十二岁了③。

---

① 蘧瑗知非：《淮南子·原道训》："蘧伯玉年五十而有四十九年之非。"

② 《尔雅·释天·岁阳》。

③ 如以1084年为李清照生年，则此年李清照应为四十九岁。

虽然从此以后，南宋的政局有过短暂的安定，但李清照的灾难还远远没有结束。她晚年最错误的一次决定，让她的名节再一次受到了致命的伤害。

附李清照《金石录后序》：

右金石录三十卷者何？赵侯德父所著书也。取上自三代，下迄五季，钟、鼎、甗、鬲、盘、彝、尊、敦之款识，丰碑大碣，显人晦士之事迹，凡见于金石刻者二千卷，皆是正伪谬，去取褒贬，上足以合圣人之道，下足以订史氏之失者，皆载之，可谓多矣。呜呼！自王涯、元载之祸，书画与胡椒无异；长舆、元凯之病，钱癖与传癖何殊。名虽不同，其惑一也。

余建中辛巳，始归赵氏。时先君作礼部员外郎，丞相时作吏部侍郎。侯年二十一，在太学作学生。赵、李族寒，素贫俭。每朔望谒告出，质衣，取半千钱，步入相国寺，市碑文果实。归，相对展玩咀嚼，自谓葛天氏之民也。后二年，出仕宦，便有饭蔬衣练，穷遐方绝域，尽天下古文奇字之志。日就月将，渐益堆积。丞相居政府，亲旧或在馆阁，多有亡诗逸史，鲁壁、汲冢所未见之书，遂尽力传写，浸觉有味，不能自已。后或见古今名人书画、三代奇器，亦复脱衣市易。尝记崇宁间，有人持徐熙牡丹图，求钱二十万。当时虽贵家子弟，求二十万钱，岂易得邪？留信宿，计无所出而还之。夫妇相向惋怅者数日。

后屏居乡里十年，仰取俯拾，衣食有余。连守两郡，竭其俸入，以事铅椠。每获一书，即同共校勘，整集签题。得书画彝鼎，亦摩玩舒卷，指摘疵病，夜尽一烛为率。故能纸札精致，字画完整，冠诸收书家。余性偶强记，每饭罢，坐归来堂烹茶，指堆积书史，言某事在某书某卷、第几页、第几行，以中否角胜负，为饮茶先后。中即举杯大笑，至茶倾覆怀中，反不得饮而起。甘心老是乡矣。虽处忧患困穷，而志不屈。收书既成，归来堂起书库大橱，簿甲乙，置书册。如要讲读，即请钥上簿，关出卷帙。或少损污，必惩责揩完涂改，不复向时之坦夷也。是欲求适意而反取憀栗。余性不耐，始谋食去重肉，衣去重采，首无明珠翡翠之饰，室无涂金刺绣之具。遇书史百家字不刓缺、本不讹谬者，辄市之储作副本。自来家传《周易》《左氏传》，故两家者流，文字最备。于是几案罗列，枕席枕藉，意会心谋，目往神授，乐在声色狗马之上。

至靖康丙午岁，侯守淄川，闻金人犯京师，四顾茫然，盈箱溢箧，且恋恋，且怅怅，知其必不为己物矣。建炎丁未春三月，奔太夫人丧南来。既长物不能尽载，乃先去书之重大印本者，又去画之多幅者，又去古器之无款识者，后又去书之监本者，画之平常者，器之重大者。凡屡减去，尚载书十五车。至东海，连舻渡淮，又渡江，至建康。青州故第，尚锁书册什物，用屋十余间，期明年春再具舟载之。十二月，金人陷青州，凡所谓十余屋者，已皆为煨烬矣。

建炎戊申秋九月，侯起复知建康府。己酉春三月罢，具舟上芜湖，入姑孰，将卜居赣水上。夏五月，至池阳。被旨知湖州，过阙上殿，遂驻家池阳，独赴召。六月十三日，始负担，舍舟坐岸上，葛衣岸巾，精神如虎，目光烂烂射人，望舟中告别。余意甚恶，呼曰："如传闻城中缓急，奈何。"戟手遥应曰："从众。必不得已，先弃辎重，次衣被，次书册卷轴，次古器，独所谓宗器者，可自负抱，与身俱存亡，勿忘也。"遂驰马去。途中奔驰，冒大暑，感疾。至行在，病店。七月末，书报卧病。余惊怛，念侯性素急，奈何。病店或热，必服寒药，疾可忧。遂解舟下，一日夜行三百里。比至，果大服柴胡、黄芩药，疟且痢，病危在膏肓。余悲泣，仓皇不忍问后事。八月十八日，遂不起。取笔作诗，绝笔而终，殊无分香卖履之意。

葬毕，余无所之。朝廷已分遣六宫，又传江当禁渡。时犹有书二万卷，金石刻二千卷，器皿、茵褥，可待百客，他长物称是。余又大病，仅存喘息。事势日迫。念侯有妹婿，任兵部侍郎，从卫在洪州，遂遣二故吏，先部送行李往投之。冬十二月，金人陷洪州，遂尽委弃。所谓连舻渡江之书，又散为云烟矣。独余少轻小卷轴书帖、写本李、杜、韩、柳集，《世说》《盐铁论》，汉唐石刻副本数十轴，三代鼎鼐十数事，南唐写本书数箧，偶病中把玩，搬在卧内者，岿然独存。

上江既不可往，又虏势叵测，有弟远任敕局删定官，遂往依之。到台，台守已遁。之剡出陆，又弃衣被，走黄岩，雇舟入海，奔行朝，时驻跸章安。从御舟海道道之温，又之越。庚戌十二月，放散百官，遂之衢。绍兴辛亥春三月，复赴越，壬子，又赴杭。先侯疾亟时，有张飞卿学士，携玉壶过视侯，便携去，其实珉也。不知何人传道，遂妄言有颁金之语。或传亦有密论列者。余大惶怖，不敢言，遂尽将家中所有铜器等物，欲走外廷投进。到越，已移幸四明。不敢留家中，并写本书寄剡。后官军收叛卒取去，闻尽入故李将军家。所谓岿然独存者，无虑十去五六矣。惟有书画砚墨可五七箧，更不忍置他所。常在卧榻下，手自开阖。在会稽，卜居土民钟氏舍。忽一夕；穴壁负五箧去。余悲恸不得活，重立赏收赎。后二日，邻人钟复皓出十八轴求赏，故知其盗不远矣。万计求之，其余遂牢不可出。今知尽为吴说运使贱价得之。所谓岿然独存者，乃十去其七八。所有一二残零不成部帙书册，三数种平平书帖，犹复爱惜如护头目，何愚也邪。

今日忽阅此书，如见故人。因忆侯在东莱静治堂，装卷初就，芸签缥带，束十卷作一帙。每日晚吏散，辄校勘二卷，跋题一卷。此二千卷，有题跋者五百二卷耳。今手泽如新，而墓木已拱，悲夫！昔萧绎江陵陷没，不惜国亡，而毁裂书画。杨广江都倾覆，不悲身死，而复取图书。岂人性之所著，死生不能忘欤。或者天意以余菲薄，不足以享此尤物邪。抑亦死者有知，犹斤斤爱惜，不肯留在人间邪。何得之艰而失之易也！

呜呼！余自少陆机作赋之二年，至过蘧瑗知非之两岁，三十四年之间，忧患得失，何其多也。然有有必有无，有聚必有散，乃理之常。人亡弓，人得之，又胡足道！所以区区记其终始者，亦欲为后世好古博雅者之戒云。绍兴二年玄黓岁壮月朔甲寅，易安室题。

第十五章
物是人非事事休——再嫁风波

　　李清照有这样一些个性爱好：好赌好酒还兼"好色"。如果说，好赌也好，好色也好，都还在礼教容忍的范围内。比如说，李清照虽然好赌，倒并没有组织过市井无赖聚众赌博，没有造成大规模的社会危害；她也"风流"，可只限于夫妻之间的闺房私密，虽然私密"不小心"走漏了风声，但夫妻间再怎么卿卿我我，也没碍着别人什么事，谈不上"有伤风化"。可李清照的晚年，还真干了件很"有伤风化"的事。这件事，要摆在今天，实在算不了什么，不就是再嫁吗？今天中国人见面不问：你吃饭了吗？而时兴这么问：你离婚了吗？结婚、离婚、再婚，根本是很正常的事情。更何况，寡妇失业的，找个男人依靠，人之常情嘛！可在宋代，男人续弦是天经地义，例如苏轼，他就娶了三任正妻，大家都觉得很正常。男人再婚是为了延续香火，女人再婚可就是耐不住寂寞，是要遭白眼的。不幸，这种遭白眼的事还真让李清照赶上了。

在李清照的时代，理学严重钳制了自然人性。北宋第五个皇帝宋英宗就有过这种经历。宋英宗是个短命皇帝，只坐了四年皇位，还没来得及干什么惊天动地的大事呢，就闹出了北宋历史上的一个大笑话，那就是著名的"濮议之争"。

什么叫"濮议之争"呢？原来，宋英宗并不是先皇帝宋仁宗的亲生儿子，宋仁宗死的时候，没有亲生儿子可以继承皇位，于是认堂兄弟濮王的儿子赵宗实为养子，给他赐名赵曙，立为太子。这就是后来的宋英宗。英宗即位之后，照例要给自己的父亲追加尊号。可宋朝是个特殊的朝代，它最大的特殊就是理学盛行，理学对人的本性的禁锢，达到了一个前所未有的高度。比如理学家提倡的"饿死事小，失节事大"，就是教训女人们宁可饿死，也要从一而终，绝对不能再嫁。说白了，就是里子不如面子重要，名分是摆在第一位的。宋英宗一即位就面临了这个名分的问题——既然自己名义上成了宋仁宗的儿子，那么应该怎么称呼自己的亲生父亲濮王呢？是叫爹，还是叫伯父？宋英宗脑袋想破了都没想明白：叫爹吧，自己有两个爹，两个爹的身份又不能平起平坐，这关系就搞得有点不清不白；叫伯父吧，他又明明是自己的亲爹。实在想不通了，英宗只好把难题扔给大臣们去解决。

这下可是扔了个炸药包了。宋朝大臣们真枪实刀的仗不敢打，打嘴巴仗可是谁也不服输。于是乎，朝廷大臣分为两派，展开激烈辩论。一派说，应该叫伯父，一派说，应该叫爹。一个简单的称呼问题成了朝廷的头等大事，连西夏人入侵这样的军国大事都丢在一边没人去管。最后还是由欧阳修提出了一个折中的方案：请太后下诏，让英宗尊亲爹为先皇。而英宗呢，又假惺惺谦让一番，说能叫"爹"就可以了，就不用再上皇帝的尊号了。

争论了一年多的名分问题，最终以宋英宗决定叫自己的亲爹为爹而结束，里子面子都有了，两全其美。这大概就是宋英宗当皇帝的四年中遇到的最大的一件事了。

　　可以想见，连堂堂皇帝都被名分问题折磨得左右为难，何况李清照这样一个弱女子呢？为了宋英宗爹爹或伯父的称呼问题，整个北宋朝廷苦恼了一年多，而为了一个李清照有没有守节的问题，整个中国文学史可是苦恼了一千年！这都是理学给害的呀！宋代人留下的资料，言之凿凿，说李清照晚节不保，老都老了，还不安分，嫁了个小人，还大闹了一场离婚官司，简直把她丈夫赵明诚的脸都丢尽了。可这样一来，李清照的"铁杆粉丝"们又不乐意了。所以明清以后，"粉丝"们纷纷揭竿而起，找出各种莫须有的证据，千方百计想为自己的偶像"辩诬"，说她肯定会坚守清白，不可能做出这等辱没家风的丑事来。

　　其实，这种辩护又是何必呢？不管是宋代人言之凿凿地骂李清照晚节不保，还是明清人为李清照"辩诬"，说她不可能改嫁，骨子里都是封建思想、大男子主义在作怪。难道一个孤寡女人再嫁就是丑事，就必须要遮遮掩掩，见不得阳光？再说了，就算在宋代理学盛行的年代，女人再嫁也不是什么稀罕事儿，唐琬跟陆游离婚后，不也再嫁了？人们对李清照如此苛刻，说白了，原因来自两方面：一方面是她的忠实"粉丝"刻意要维护心目中偶像的神圣和清白；另一方面是那些道学家们，本来就对李清照的狂傲叛逆、清高自负很不满意，再加上某些人阴暗的嫉妒心理作怪，就把绝代才女描绘成了一个风流荡妇。

　　实际上，李清照既不是不食人间烟火的仙女，也不是风流淫逸的荡妇，她只是一个真实的女人，一个有血有肉、渴望爱与被爱的女人。她才貌双全，可是又没有让才貌掩盖了她的真诚和善良、对事业的执着追求、对大是大非的爱憎分明。太平盛世时，她不在乎物质享受，一心扑在金石考古与文学创作的事业上；兵荒马乱之时，她胸怀大义，始终怀着一腔恢复中原、回归故土的爱国热忱。这样的一个女人，再嫁和离婚难道能成为她高贵人格中的污点吗？

李清照是一个高贵的女人，只不过，是那些骂她的人、鄙视她的人，自己心里的污点没有洗干净罢了。如果说李清照也犯过错，那么错的并不是她的再嫁和离婚，错只错在她看错了人。一个无依无靠的寡妇，上了一个居心叵测的小人的当。

事情发生在绍兴二年（1132 年），这一年，李清照来到了杭州。在那里，她认识了一个叫张汝舟的人。这个张汝舟粗粗看来，也生得风流倜傥，彬彬有礼，而且对李清照关怀备至。独自经历了几年的颠沛流离，李清照已经尝尽了人生的悲凉苦痛，在步入老年的时候，忽然得到一个男人"真心"的关怀，对于向来多愁善感、感情丰富的李清照来说，也不免为之感动。况且，这时的李清照，已经病得有气无力，哪里还分得清来人的真实面目。再加上她的弟弟李远也是一个实在人，看到姐姐这样可怜痛苦，也相信了巧舌如簧的张汝舟。于是，在还没有认清张汝舟的真实意图的情况下，李清照就被他骗入了婚姻之中。

结婚不久，张汝舟卑鄙小人的面目就日渐显露出来，并且越来越丑恶。原来，以李清照在当时的才名，再加上出身诗礼簪缨世家，是已故宰相赵挺之的儿媳妇，丈夫赵明诚又是有名的金石收藏家，很多人都想当然地以为，她手里值钱的宝贝肯定不少。冲着这点子"才名"和"财名"，张汝舟就蓄谋着要把李清照骗到手。说不定，就冲当时李清照病得奄奄一息的状况，他只等着娶过门以后好接收遗产，等着天上掉馅饼呢！李清照怎么能想到，对他来说，人，只不过是一个幌子，他真正想要的，是李清照手里的那些宝贝。

可是结婚之后，双方都发现，这场婚姻是个大大的骗局。在李清照看来，张汝舟市井无赖的真实面目暴露无遗，他的官也是靠耍手段骗来的。原来宋朝有个规定，举子考到一定次数，取得了相应资格后就可以授予官职。这张汝舟本来没什么才学，他的官职是靠"妄增举数"骗来的，也就是谎报了考试的次数。这在当时，可就是欺君之罪啊！而张汝舟这边，也是大呼上当。他原先打的如意算盘，是娶了李清照，同时就娶进了大批稀世珍宝。可先别说李清照手头的收藏品早就所剩无几，就算是有，以李清照的倔强个性，又怎么可能把赵明诚和她一辈子积累的心血拱手让给这么一个骗子、小人？张汝舟见无利可图，于是原形毕露，先还只是对李清照冷眼相对、恶语相向，发展到后来，甚至开始对年老病弱的李清照拳脚相加。

要是换了别的普通女人，在这种情况下，也只好忍气吞声，逆来顺受了。嫁鸡随鸡，嫁狗随狗嘛。自古以来，只有男人休妻的权力，哪有做老婆斗胆反抗的份？可是李清照不是普通女人，要不，怎么说是绝代才女呢？这绝代才女，不单单胜在才和貌，甚至也不仅仅胜在品和德，更胜在胆和识。虽然在病重期间，一不小心被小人骗了一把。可李清照就是李清照，一旦意识到这是一个陷阱，马上做出了冒天下之大不韪的决定：告发丈夫，坚决离婚。

原来，宋代有一条很恶劣的法律：男人休妻很容易，找个理由就能把老婆遣送回娘家，不管死活。可是女人要是想反过来告丈夫，那么即使证据确凿，诉讼成功，女人自己也要到监狱里蹲两年。

在这件离婚诉讼案中，李清照再一次显示了她非凡的才智和勇气。因为在当时，一个女人如果以家庭暴力为理由，闹着要跟丈夫离婚，说出去是不会有人相信的，退一万步讲，就算有人相信也最多是给一点廉价的同情，离婚是绝对不可能成功的。不但不可能成功，反而还很可能被反咬一口。因此，李清照聪明地来了个避轻就重，以张汝舟"妄增举数"为由，告了他一个欺君之罪。这罪名可大了，再加上证据确凿，连宋高宗都亲自过问了案件。最终，张汝舟被削去官职，流放柳州，李清照离婚成功。

这段让李清照"毁了一世名节"的婚姻，仅仅持续了一百天。根据宋代的法律，李清照即使胜诉，因为告的是丈夫，也还是得锒铛入狱。

不幸中的万幸是，赵明诚生前的一位远房亲戚，当时在南宋朝廷做翰林学士的綦崇礼向李清照伸出了援手。綦崇礼当时很得宋高宗信任，因此李清照在牢房里只待了九天就被放了出来。出狱后，李清照专门写了封信《投翰林学士綦崇礼启》，对他表示感谢。在这封信中，李清照解释自己不幸误中奸人的圈套，是因为当时已经病得连牛和蚂蚁都分不清，棺材也已经准备好，只等着入土了，哪里还能分辨得出好人坏人？不得已，被张汝舟连哄带骗，"强以同归"，实在是被逼着嫁给那个小人的。在信中，李清照悲凉地描述这段婚姻，说自己是"猥以桑榆之晚景，配兹驵侩之下才"。意思是说：我已经是日薄西山的老妇人，却不得已被骗着嫁给一个这样的市侩小人。虽然她自己非常清楚：这样一折腾，自己难免身败名裂，不但没脸再见丈夫生前在朝廷中的同事朋友，甚至将来也"难逃万世之讥"。但即便如此，也决不能忍辱偷生！李清照的性格，是宁为玉碎，不为瓦全啊！

李清照不仅是一个清高孤傲的女人，还是一个多么清醒与智慧的女人。她用了一生的时间，在如铜墙铁壁般束缚着女性的男权社会中，替女人冲开了一条血路，用女人自己的声音，在男人书写的历史上，发出了震撼人心的最强音！

尽管这场离婚诉讼风波，几乎耗尽了李清照最后的力量，但是李清照并没有被一己的悲惨命运彻底打倒，就在这种凄凉潦倒的处境中，她仍然密切关注着国事的安危。离婚后的第二年（绍兴三年，1133年），刚刚喘过气来的赵构终于"良心发现"，准备派人去金国探望一下"北狩"的父亲和哥哥，顺便看看是不是能跟金人"沟通"一下，谈谈求和的条件。当时金国被看作是虎狼之地，人人避之唯恐不及，有几个胆大的敢出使金国？这时，北宋著名宰相韩琦的曾孙韩肖胄自告奋勇，承担了冒险出使金国的重任。沉浸在悲凉中的李清照一听到这个消息，不由得精神大振，甚至暂时放下了个人痛苦，将满腹的辛酸与苦泪，化作笔下的豪情壮志，呈诗给韩肖胄，为他壮行。李清照的爷爷和父亲都出自韩琦的门下，因为多年来家道沦落，李清照自称已经不敢望韩公之"车尘"。但是，即便是在晚年的贫病交加中，她仍然为韩肖胄出使金国的消息而振奋。在送给韩肖胄的诗中，她写下了这样令人心酸却又豪气冲天的句子：

> 闾阎嫠妇亦何知，沥血投书干记室。夷虏从来性虎狼，不虞预备庸何伤。……子孙南渡今几年，飘零遂与流人伍。欲将血泪寄山河，去洒东山一抔土。

李清照这时只不过是一个流落民间的寡妇——"闾阎嫠妇"，却偏偏以血泪写成了诗句，为韩公壮行，提醒他出使途中既要防范敌人的虎狼本性——"夷虏从来性虎狼"；又希望他能不辱使命，殷切盼望着朝廷收复山河，挽救水深火热中的黎民百姓，可谓字字血泪、句句肺腑。

李清照多么希望能早日结束南渡飘零逃亡的日子，回到故乡山东，去祭奠祖先的坟墓——"欲将血泪寄山河，去洒东山一抔土"！

在后来写的《打马赋》一文中，她还留下了这样的句子：

木兰横戈好女子！老矣谁能志千里，但愿相将过淮水。

她多么向往能做一个花木兰那样的英雄，女扮男装，披上战袍，呼吁将士百姓们，一起打过淮水去，恢复中原！要知道，当时秦桧之流横行朝中，谁人敢斗胆言兵？可是一个老妇人却如此敢作敢当！难怪后人要叹息："庙堂只有和戎策，惭愧深闺打马图。"这些高居庙堂、贪生怕死的文臣武将们，只知道空谈求和策略，他们在李清照这样的深闺文弱女子面前，难道不应该感到惭愧、感到羞耻吗？

可惜的是，虚弱的南宋朝廷没有让李清照殷切的盼望成为现实。就在韩肖胄出使金国的第二年（绍兴四年，1134年），金兵又大举南侵，赵构又开始狼狈逃窜，李清照也不得不逃往金华。奔波流徙的日子里，李清照在浙江度过了最后的岁月。在此期间，她忍受着身心的剧痛，完成了丈夫未竟的事业——《金石录》的编撰工作，并且将之刊行于世，上表朝廷。李清照具体卒于何年，已无确凿的文献可考，但晚年"流落江湖"的困窘与坚强却是可以想见的。

是的，江南的风光旖旎，也许并不输给北方的壮丽河山，可是，此时的李清照，心里已经积聚了太多太多的悲哀与忧愁：挚爱的国家，山河破碎，"故乡何处是？忘了除非醉"；挚爱的亲人，天人永隔，"那堪永夜，明月空床"……一代传奇才女，只能在风俗殊异的异地他乡，寄托自己飘零的晚年，纵使才华

吟徵調商馨下桐
松間疑有入松風
仰窺低審含情客
以聽無絃一奏中
白居易詩題

聽琴圖

赵佶《听琴图》

未老，也只能化作哽咽和泪水——

　　物是人非事事休，欲语泪先流。

"舞榭歌台，风流总被雨打风吹去。"风流人物，代代都有，可是李清照，却只有一个。

李清照的一生结束了，可人们心中的李清照还一直活着。那个曾经用了一生的时间"寻寻觅觅"的女子，无论她寻寻觅觅的是人间的真爱，是理想的桃源，是事业的辉煌，还是个性的自由，无论她是叛逆坚强的，还是柔弱无助的，都有这样两个字最能诠释她的一生，这两个字，不是"才华"，不是"美貌"，不是"豪放"，不是"婉约"，而是——执着！

附李清照《投翰林学士綦崇礼启》：

清照启：素习义方，粗明诗礼。近因疾病，欲至膏肓，牛蚁不分，灰钉已具。尝药虽存弱弟，应门惟有老兵。既尔苍皇，因成造次。信彼如簧之说，惑兹似锦之言。弟既可欺，持官文书来辄信；身几欲死，非玉镜架亦安知。僶俛难言，优柔莫诀。呻吟未定，强以同归。视听才分，实难共处。忍以桑榆之晚节，配兹驵侩之下才。

身既怀臭之可嫌，惟求脱去；彼素抱璧之将往，决欲杀之。遂肆侵凌，日加殴击。可怜刘伶之肋，难胜石勒之拳。局天扣地，敢效谈娘之善诉；升堂入室，素非李赤之甘心。外援难求，自陈何害？岂期末事，乃得上闻。取自宸衷，付之廷尉。被桎梏而置对，同凶丑以陈词。岂惟贾生羞绛灌为伍，何啻老子与韩非同传。但祈脱死，莫望偿金。友凶横者十旬，盖非天降；居囹圄者九日，岂是人为！

抵雀捐金，利当安往？将头碎璧，失固可知。实自谬愚，分知狱市。此盖伏遇内翰承旨，搢绅望族，冠盖清流，日下无双，人间第一。奉天克复，本原陆贽之词；淮蔡底平，实以会昌之诏。哀怜无告，虽未解骖；感戴鸿恩，如真出己。故兹白首，得免丹书。清照敢不省过知惭，扪心识愧。责全责智，已难逃万世之讥；败德败名，何以见中朝之士。虽南山之竹，岂能穷多口之谈；惟智者之言，可以止无根之谤。

高鹏尺鷃，本异升沉；火鼠冰蚕，难同嗜好。达人共悉，童子皆知。愿赐品题，与加湔洗。誓当布衣蔬食，温故知新。再见江山，依旧一瓶一钵；重归畎亩，更须三沐三薰。忝在葭莩。敢兹尘渎。

下篇

李清照词全集注释点评*

---

　　* 词全集中并录存疑之作。注释主要依据王仲闻《李清照集校注》、徐培均《李清照笺注》，并参阅其他版本。

南歌子①

　　天上星河转，人间帘幕垂。凉生枕簟泪痕滋。起解罗衣、聊问夜何其？　　翠贴莲蓬小，金销藕叶稀。旧时天气旧时衣，只有情怀、不似旧家时。

【注释】

　　簟：竹席。

　　"天上星河"句：星河即银河。此处"天上"可能喻去世的丈夫，"人间"暗指未亡人李清照。

　　夜何其：夜色如何，是什么时辰了？语出《诗经·小雅·庭燎》："夜如何其？夜未央"。此处暗示词人因思念丈夫，起坐不能眠的夜晚尤其显得凄冷而漫长。

　　"翠贴莲蓬"二句："翠贴莲蓬""金销藕叶"一

---

　　① 按：徐培均《李清照集笺注》认为此词或作于李清照、赵明诚屏居青州后不久，兼喻时局变化（蔡京起复，赵挺之卒，赵明诚回乡守制），家道中落。

方面是描绘贵族女子衣服上所贴之绣品装饰，一方面也是以自然景物"莲蓬""藕叶"的形象来照应上片的"凉生枕簟"，表明时节已为萧瑟清冷的秋天。词人重着旧时绣衣，似也暗喻家道中落，家境贫寒。

旧家：从前。

【点评】

此词的特色是将悲秋的情绪与悼亡的伤感糅合在一起。在李清照的词中，悲秋词占了很大的比重，其数量仅次于伤春词，共有14首，约为易安词总数的四分之一。中国文化中有"士悲秋"的传统，男性文人常常将悲怆的生命意识、失落的政治意识等赋予悲秋作品，清照的悲秋词与传统的"士悲秋"是不大一样的：她将悲秋情绪几乎完全浓缩成了女性情怀中情爱的悲凉。易安词的特点，也便是将所有的生命意识、社会意识都浓缩成女性情怀中最为柔弱、最为凄美的情爱意识。在万物凋零的秋光中，衣饰上那残败的藕叶、亭亭伫立的莲蓬，那瑟瑟的生机因其孤独而反衬出秋的萧条，反衬出女主人公的落寞。秋依旧，莲依旧，唯有情怀已零落。"旧时天气旧时衣"，情怀却不再像从前一样温馨甜蜜，残留的枯荷又怎能背负起词人沉重的忧伤和深切的思念呢？

转调满庭芳

芳草池塘，绿阴庭院，晚晴寒透窗纱。玉钩金锁，管是客来吵。寂寞尊前席上，惟□□、海角天涯。能留否？酴醾落尽，犹赖有□□。　　当年，曾胜赏，生香薰袖，活火分茶。□□龙骄马，流水轻车。不怕风狂雨骤，恰才称、煮酒残花，如今也，不成怀抱，得似旧时那？

【注释】

管是：一定是。

酴醾：夏初开放的一种花。诗词中常用以表示百花开过、春天已逝。如宋王琪的《春暮游小园》："开到荼蘼花事了。"

活火：炭火的火焰。见唐赵璘《因话录》。

分茶：分茶应始于宋初，是以茶为游戏的一种：以熟水与新茶"二者相遭"，运用茶匙在茶汤面上变幻出各种巧妙的物象，如花草虫鱼鸟兽之类。《茶百戏》："近世有下汤运匕，别施妙诀，使汤纹水脉成象者，禽兽虫鱼花草之属，纤巧如画，但须臾即就散灭，此茶之变也。时人谓之'茶百戏'。"陆游《临安春雨初霁》："矮纸斜行闲作草，晴窗细乳戏分茶。"杨万里《澹庵坐上观显上人分茶》："分茶何似煎茶好，煎茶不似分茶巧。蒸水老禅弄泉手，隆兴元春新玉爪。二者相遭兔瓯面，怪怪奇奇真善幻。纷如擘絮行太空，影落寒江能万变。银瓶首下仍尻高，注汤作字势嫖姚。不须更师屋漏法，只问此瓶当响答。"此处李清照云"当年，曾胜赏，生香薰袖，活火分茶"，即是反衬如今萧条景况，不再有作分茶游戏的兴致。

流水轻车：《后汉书·明德马皇后传》载："车如流水，马如游龙。"

【点评】

在李清照、赵明诚夫妻屏居乡里的数十年间，二人远离了政治上你死我活、尔虞我诈的争斗，过着连神仙都艳羡的美好日子。夫妻俩尽一切可能到处搜罗书画古玩，每天晚上吃完饭，就"坐归来堂烹茶，指堆积书史，言某事在某书某卷第几页第几行，以中否角胜负，为饮茶先后。中即举杯大笑，至茶倾覆怀中，反不得饮而起。"按李清照的说法，是"虽处忧患困穷，而志不屈"（《金石录后序》）。在这段隐居的日子里，虽然夫妻俩刚刚经历了大起大落的党争迫害，生活上处于最低谷，精神上却是如此高贵、充实。这应该是李清照婚姻生活中最幸福、最满足的十年。词中"当年，曾胜赏，生香薰袖，活火分茶"的往事，是否就是这段闲居日子里的甜蜜回忆呢？李清照曾经说过，这样相依为命的生活，让她"甘心老是乡矣"，甘愿这样陪着赵明诚直到天荒地老。如今却国破夫亡，在海角天涯孤独流浪着的词人，已经是"萧萧两鬓生华"。连荼蘼都已经凋谢了，清照心中的春天也已经停留在了那段"活火分茶"的美丽时光，成了永远的回忆。而回忆越是甜蜜，咀嚼过后就越是伤痛。"如今也，不成怀抱，得似旧时那"，在清照孤苦飘零的晚年，即使身边还有美酒还有好茶还有鲜花，可是"物是人非"，当年的风流闲雅、琴瑟和鸣，如今还能到哪里去追寻？

渔家傲·记梦

天接云涛连晓雾，星河欲转千帆舞。仿佛梦魂归帝所，闻天语，殷勤问我归何处。　　我报路长嗟日暮，学诗谩有惊人句。九万里风鹏正举，风休住，蓬舟吹取三山去。

【注释】

云涛：海涛。

星河：银河。

帝所：上帝的居所。此处"帝"非西方基督之上帝，而是天神之谓。《史记》记载秦穆公曾经一睡七天，七天后醒来对人说："我到上帝那儿去很开心。之所以在那边待了这么久才醒来，是因为我有很多东西要学。"李清照用这个典故，也是自信心的表现：之所以"学诗"有"惊人句"，那是上天赋予的才华啊。①

路长嗟日暮：感叹时间过得太快，求索的路还没有走完，太阳已经下山了。屈原《离骚》："朝发轫于苍梧兮，夕余至乎县圃。欲少留此灵琐兮，日忽忽其将暮。吾令羲和弭节兮，望崦嵫而勿迫。路漫漫其修远兮，吾将上下而求索。"

学诗谩有惊人句：这一联意谓自己有屈原那样上下求索的精神，无奈道阻且长，时不我待，空有满腹才华的一介女子，在那样的时代却无用武之地。王仲闻注认为此句用杜甫《江上值水如海势聊短述》诗中句意："为人性僻耽佳句，语不惊人死不休。"另有意见认为此句是承"闻天语"而来，指词人恨不能让天帝来赏识她的才华，用唐冯贽《云仙杂记》《搔首问青天》事："李白登华山落雁峰，曰：此山最高，呼吸之气想通天帝座矣。恨不能携谢朓惊人诗来，搔首问青天耳。"

九万里风鹏正举：《庄子·逍遥游》中描述神话中的鹏鸟"背若泰山"，翅膀好似"垂天之云"，一旦起飞则"抟扶摇羊角而上者九万里"，"羊角"谓风曲折上行的样子。此处借以喻词人巾帼不让须眉的凌云之志。

蓬舟：如飞蓬形状的船。

三山：《史记·封禅书》中记载神话传说中渤海的蓬莱、方丈、瀛洲三座仙山。

---

① 《史记·扁鹊传》："昔秦穆公尝如此，七日而寤。寤之日，告公孙支与子舆曰：'我之帝所甚乐。吾所以久者，适有学也。'"《赵世家》中赵简子亦有"我之帝所甚乐，与百神游于钧天广乐，九奏万舞，不类三代之乐，其声动人心。"徐培均认为此"帝所"或暗指宋高宗行在。

【点评】

　　昔人评词，常有类似于这样的说法：词分婉约、豪放两派。"婉约以易安为宗，豪放惟幼安称首"（王士禛《花草蒙拾》），并将李清照（号易安居士）和辛弃疾（字幼安）分别视为婉约派和豪放派之代表人物。在婉约派之中，男性词人又以秦观为宗，女性词人则毫无争议地以易安居首。不过，"婉约"一词也许可以概括易安词的整体风貌，但从她的个性而论，则绝对不能用"婉约"一言概之。虽然李清照写过"寻寻觅觅，冷冷清清，凄凄惨惨戚戚"（《声声慢》），写过"花自飘零水自流，一种相思，两处闲愁"（《一剪梅》），写过"物是人非事事休，欲语泪先流"（《武陵春》)这样的句子，但不能就此认定她只是一个多愁善感、悲悲切切的柔弱女子。事实恰恰相反，李清照不是林黛玉，前人曾经这样评价李清照："易安倜傥有丈夫气，乃闺阁中之苏（轼）、辛（弃疾），非秦（观）、柳（永）也。"（《菌阁琐谈》)用"丈夫气"来点评李清照的个性，实是慧眼识人、一语中的之评。《渔家傲》即是李清照极具"丈夫气"的一首词作，充分展现了词人梦境的瑰丽雄奇。

　　如果说，女性词人的梦大多是充满了愁苦和哀怨，无法以自信的"实现来代替空虚的期待"，而只能以无望的期待来融会"现实的空虚"的话，那么这种"无望的梦"只有一个例外，那就是李清照的"仿佛梦魂归帝所，闻天语，殷勤问我归何处"。只有这个梦具备了屈原和李白的浪漫与雄奇。

　　此词或作于南渡之后①，这也是词人命运的转折时期。国破家亡的灾难，她孜孜以求的理想，让她不免像屈原那样发出

――――――――――

　　①　徐培均《李清照集笺注》中将这首词系于建炎四年（1130 年）春天。

"路漫漫其修远兮，吾将上下而求索"的豪壮之语，也让她不免像屈原那样发出"日忽忽其将暮"的哀叹：我只是一个女人，"学诗谩有惊人句"，在这个世界里，即便我有如此惊人的才华，也是徒然。凭我个人的力量，又能改变什么呢？

"我报路长嗟日暮，学诗谩有惊人句"，李清照的回答其实同时也是质问。对于她的质问，连天帝似乎也无言以对。

在天帝这里得不到指引的李清照，只好继续她的求索之路："九万里风鹏正举。风休住。蓬舟吹取三山去。"这几句词又用到了道家的典故。《庄子·逍遥游》中有这样的描写："鹏之徙于南冥也，水击三千里，抟扶摇而上者九万里。"又说："有鸟焉，其名为鹏，背若泰山，翼若垂天之云，抟扶摇羊角而上者九万里。"这个典故本来是说鹏鸟借助旋风的力量直冲云霄，李清照化用这个典故也是抒发一种豪迈不羁的感情："风休住。蓬舟吹取三山去。"她希望像鹏鸟一样，借助大风的力量，让自己摆脱这个世界的束缚，一直吹到一个自由、逍遥的世界里去。也许，这个自由逍遥的世界就是传说里的"三山"吧？

与苦难不断的现实相比，词人的梦境显得如此瑰丽雄豪。她那种上天入地、不被现实所羁绊的梦想，那种不屈不挠、上下求索的执着精神，无一不显示出像屈原那样的浪漫豪放。

除了从屈原的作品中汲取营养，像"天接云涛连晓雾，星河欲转千帆舞。仿佛梦魂归帝所""九万里风鹏正举""蓬舟吹取三山去"等这类横放杰出的气势，又与李白的洒脱不羁何其相似！

李白在《梦游天姥吟留别》中写道："海客谈瀛洲，烟涛微茫信难求。越人语天姥，云霓明灭或可睹。天姥连天向天横，势拔五岳掩赤城。天台四万八千丈，对此欲倒东南倾。我欲因之梦吴越，一夜飞渡镜湖月……"由此看来，李清照的豪迈，她那一泻千里的笔触完全可上攀屈原、李白之风骚狂放，也难怪前人会如此评价："若并诗中论位置，易安居士李青莲"（清潭莹《古今词辨》），直将词中的李清照与诗中的李白相提并论。

无独有偶，当代词学家缪钺也认为易安词有屈骚之风，他在《论李清照词》一文中这样评价这首《渔家傲》："这首词能将屈原《远游》中的情思意境融纳于数十字的小词之中，体现了自己的人生理想，有姑射神人吸风饮露之致，这种境界在宋词中是罕见的。""姑射神人"也是来自《庄子·逍遥游》的典故："藐姑射之山，有神人居焉，肌肤若冰雪，淖约若处子。""姑射神人"显然是一位不食人间烟火的仙女。李清照的个性与词笔，正如姑射神女般飘逸出尘。这种超迈脱俗的气质，成就了易安词非同一般的"境界"。

缪钺还曾借用沈曾植评价李清照的一个词来概括易安词的整体风貌，这个词就是"神骏"（《菌阁琐谈》）。"所谓'神骏'者，就是说，如同骏马一样，摆脱羁绊，千里飞驰，过都历块，不畏险阻。"应该说，这样的评价是准确地把握了易安词之特点的。但也许有人也会说，从现在存留下来的约六十首（含存疑之作）易安词中，像《渔家傲》这样豪放奇丽之作几乎可以说是绝无仅有。仅凭一首词就断定一个词人的主体风格不是太武断了吗？

这样的疑问是有道理的。不过，需要强调的是，豪放固然不是易安词的总貌，甚至她多数词虽然具有想象奇异、落笔如神骏飞驰的特点，整体上却还是符合词体的婉约本色。但词体的婉约本色不代表词人性情的婉约本色。就好比公认飘逸超旷的苏东坡、豪迈雄壮的辛弃疾，也会在词中作呢哝儿女语一样，李清照写词虽然恪守"别是一家"的婉约本色，但她的性情却远远不是"婉约"所能限定的。如果说一首《渔家傲》还不足以证明李清照的豪情，那么不妨再举一则诗例——《题八咏楼》：

千古风流八咏楼，江山留与后人愁。水通南国三千里，气压江城十四州。

八咏楼是浙江金华的名胜，金华也是李清照晚年的主要居住地。在这首"气象宏敞"的诗中，李清照抒发的仍然是国破家亡、江山难守的感慨，像这样雄浑的气势又岂是"婉约"所能概括的呢？因此，与其说李清照是一个多愁善感的女词人，不如说她是一个豪迈不羁、潇洒脱俗的性情中人。

在文学创作中，李清照的豪情首先体现在崇尚自由、超越现实的想象力。《渔家傲》词中对屈原、庄子相关典故、意象的运用，已经充分流露出李清照对自由的向往，也是她通过梦境对自己的想象力与创造力的尽情发挥。

同时，她也走出庭院深深深几许的闺房，将国事天下事尽揽胸中，并且毫无掩饰地表达个人观点，颇多真知灼见。

此外，她的豪情还体现在我行我素、不蹈袭前人的创新精神上。在中国古代文学史上，像李清照这样誉满天下同时也谤满天下的女性可能真是一道奇特的景观；她是一个集无数赞美与无数非议于一身的奇女子。有人不遗余力地赞美她，是因为她出类拔萃的才华和性情；也有人不遗余力地诋毁她，还是因为她出类拔萃的才华和性情。正因为她有不同于寻常女性的豪迈和洒脱，她才能置无数讥谤于不顾，写出惊世骇俗的文学作品，做出惊世骇俗的事情来，对那些厌之、妒之、恨之的人报以淡然一笑。

清照是那个时代女人中的一个"例外"，她一生的奔波流徙、博览群书使她跳出了女子现实生活空间的狭深与重重阻碍，具备了大多数女子无法具备的才情和胆气。这首词中体现的那种豪气，代表了清照不羁的个性，但代表不了那个时代女子的共性。词人这种独特的梦境，只能说明如果不是人为地将女子束缚在"庭院深深深几许"的闺阁里，那她们完全有可能放射出奇异的、瑰丽的梦想之光，完全有可能借着梦想的翅膀凌空腾飞。然而作为一个时代的杰出女性，清照只有孤身一人；作为一个时代的杰出声音，这首词也只是令人叹惋的独唱。因此这个梦的力量太薄弱了，它甚至没有办法解除清照一个人的悲苦，遑论那个时代的所有女性！

李清照的经历，似乎可以与法国著名的女权主义者西蒙·波伏娃的一句话相呼应，大意是这样的：我们女人中不是产生不了像毕加索那样的天才，只是社会剥夺了我们拥有像毕加索那样的经历的权利。特殊的个性与经历成就了词坛中傲视群雄的苏轼与辛弃疾，也成就了特立独行的李清照。

词中英豪，半属苏辛半易安！

"九万里风鹏正举。风休住"！当李清照驾着梦想之舟，在命运的大海中不畏艰险破浪前行，如同展翅大鹏扶摇而上九千里上下求索的时候，那份坚强与骄傲的姿态，真"不徒俯视巾帼，直欲压倒须眉"（李调元《雨村词话》）。

如梦令

常记溪亭日暮，沉醉不知归路。兴尽晚回舟，误入藕花深处。争渡、争渡，惊起一滩鸥鹭。

【注释】

溪亭：山东济南名泉，亦为地名。

【点评】

公元 1084 年，在中国，则是北宋年间，宋神宗元丰七年，著名的学者兼散文家李格非的长女呱呱坠地（另一说认为李清照出生于 1082 年），山东济南风景如画的大明湖从此又为历史平添了一分秀色。这位后来震惊当代、名垂千古的女婴就是李清照。李清照的少女时代大概大多数时间就是这样与慈爱的亲人、亲密的闺中女友一起，徜徉在四面荷花三面柳的大明湖畔。也许大明湖天生就是为才子佳人而设的，大明湖的美丽山水滋养了他们的性情，成为铭刻他们一生的温柔如水的印记。李清照，就是其中最杰出的一位，大明湖畔汩汩流淌的漱玉泉也成了后来李清照词集《漱玉词》名称的来源。传说当年的李清照就曾在这道泉水中洗笔习字，泉水孕育了人的灵性，人的灵性又为泉水注入了不灭的灵魂。少女时代的李清照，常常偕同闺中好友踏青寻欢，荡舟大明湖，"沉醉不知归路"，不小心闯进荷花丛中，心慌意乱中惊起一滩原本正在宁静栖息的鸥鹭……恐怕那位调皮而任性的女孩为她的家人带来骄傲的同时，也带来过不少的小小麻烦和担忧吧？①

如梦令

　　昨夜雨疏风骤。浓睡不消残酒。试问卷帘人，却道海棠依旧。知否？知否？应是绿肥红瘦。

【注释】

　　卷帘、海棠：化用晚唐韩偓的艳情诗《懒起》的句意："昨夜三更雨，今朝一阵寒。海棠花在否，侧卧卷帘看。"

---

　　① 徐培均认为此词或作于李清照出嫁后归宁母家游乐之时，此时李格非可能居济南，李清照年约二十出头。

【点评】

前人多评此词"绿肥红瘦"句造语新巧工致别出心裁，但其实这句词更妙在其拟人物之心态栩栩如生，让人如历其境。"绿"是绿叶，"红"是红花，一番风雨摧折之后，清晨醒来宿酒未消的词人首先关心的却是院中的那株海棠花。身边的侍女卷帘察看，告诉她："不要紧，海棠花还是那个样子。"从词意似可猜测，词人并未亲眼看见她所关心的海棠，但她却很自信地推断："应是绿肥红瘦。"一个"应"字就点出词人着重的不是实景，而是其心境。那样柔弱的花儿，怎能敌得过强劲的风雨呢？一个"瘦"字，又道出了词人与花儿的心心相通。在词人眼里，花瘦即人瘦，人瘦亦怜花瘦，在词人的心中，花即是己，己就是花。这种意境颇合王国维《人间词话》里所说的"以我观物，则物皆著我之色彩"。但在李清照这里，她连"观"这个过程都已经超越了，因为她根本无须去"观"，"我"的心就是花的心，"我"和"物"是同一个生命体，同呼吸共命运。韩偓原诗"卷帘"看"海棠"，则海棠是海棠，"我"是"我"，意境虽美，情意却显贫乏。"绿肥红瘦"一语之工就在于词人不是要把"我"强加于物，她以女性那天然敏感纤细的洞察力与感受力，使"我"与"海棠"之间的那道阻碍物"帘"在心灵的交汇之中消失了。

多丽·咏白菊

小楼寒，夜长帘幕低垂。恨潇潇、无情风雨，夜来揉损琼肌。也不似、贵妃醉脸，也不似、孙寿愁眉。韩令偷香，徐娘傅粉，莫将比拟未新奇。细看取、屈平陶令，风韵正相宜。微风起，清芬酝藉，不减酴醾。　　渐秋阑，雪清玉瘦，向人无限依依。似愁凝、汉皋解佩，似泪洒、纨扇题诗。朗月清风，浓烟暗雨，天教憔悴瘦芳姿。纵爱惜、不知从此，留得几多时。人情好，何须更忆，泽畔东篱。

【注释】

琼肌：肌肤如美玉，比喻白菊的外形。

贵妃醉脸：唐朝李正封有诗句咏牡丹云："天香夜染衣，国色朝酣酒。"被认为是当时传唱牡丹花诗中最为"首出"者。唐玄宗曾说这句诗所描述意境可比杨贵妃醉酒的故事。典出唐李浚《松窗杂录》。

孙寿愁眉：孙寿是东汉桓帝时大将军梁冀的妻子。据说她善于做各种媚态来诱惑人，如愁眉、啼妆、折腰步等。愁眉是一种细长而弯曲的眉形。典出《后汉书·梁冀传》。

韩令偷香：韩令指晋代人韩寿。据《世说新语》记载，韩寿是位美男子，当时在贾充手下当差，贾充的女儿窥见韩寿后一见钟情，于是派婢女将自己的爱慕之情转达给韩寿，两人即开始私自幽会。后来在一次聚会上贾充闻到韩寿身上有一股奇异的香味，这种香是外国进贡给皇帝的。贾充一琢磨：这种香晋武帝只赐给过自己和陈骞，别人家都不可能有，于是怀疑自己的女儿和韩寿私通。后来查实事情果然如此，生米既已煮成熟饭，只好顺水推舟，把女儿嫁给了韩寿。

徐娘：徐娘是南朝梁元帝的妃子，据说"徐娘虽老，犹尚多情"。载《南史·梁元帝徐妃传》。

傅粉：《世说新语》记载玄学家何晏姿容丰美，肤色白皙，魏明帝怀疑他是在脸上扑了粉。于是在大热天的时候叫了何晏过来，让他吃热汤饼，吃完以后大汗淋漓，用红色的毛巾擦拭，其肤色仍然洁白如常。此处说徐娘傅粉，可能是作者记忆有误。

屈平陶令：即屈原和陶渊明。屈原名平，字原。屈原《离骚》："朝饮木兰之坠露兮，夕餐秋菊之落英。"秋天百花凋零，唯有菊花迎霜傲放，成为秋天的象征，古人深信吃了这种不怕冷的花，也可以得些天地之真气，可以延年益寿。陶渊明曾为彭泽县令，故曰"陶令"。陶渊明酷爱菊花，其《饮酒》诗有"采菊东篱下，悠然见南山"的名句，"菊"被称为花中之隐君子，体现出一个隐者不与流俗为伍的清高与风度。词末"泽畔东篱"也是用屈原和陶渊明典故，屈原《渔父》："屈原既放，游于江潭，行吟泽畔，颜色憔悴。"屈原和陶渊明均为中国传统文人心目中君子的典范。

汉皋解佩：《列仙传》载神话故事：两位仙子汉皋游玩，遇到途经此地的郑交甫，郑对二人心生爱慕，不知其神仙身份。分手时，郑请二女将随身所佩的珍珠赠与自己留作纪念，二女允之。才分开数十步，郑交甫去看珍藏在怀中的珍珠时，才发现珍珠已经不见，回头看时，二位女子也已杳无踪影。

纨扇题诗："纨扇"的意象在古代就是弃妇的代名词。把弃妇比喻成扇子，相传最早是汉代才女班婕妤的创造。班婕妤是汉成帝的妃子，后赵飞燕夺宠，班婕妤失宠后退居长信宫，作《怨歌行》诗以抒发怨情。诗中将女人比作男人手里的扇子，夏天天气热的时候，扇子不离手。可是秋天一到，天气凉快了，扇子就被扔在箱子里，再也得不到男子的眷顾。

朗月清风：《世说新语》记载，许询（字玄度）曾经在清风朗月的夜晚和晋简文帝切磋诗歌学问，在当时传为风雅的佳话。所以清谈大师刘惔曾说："清风朗月，辄思玄度。"

【点评】

这首咏菊词代表了李清照对菊花的多重理解和品赏的角度：从外形来看，菊的美丽和芬芳，比杨贵妃的丰腴、孙寿的妖娆、徐娘的风情、何晏的皎洁、贾女的异香都有过之而无不及；从内涵来看，菊的不同流俗又堪比屈原和陶渊明。可在同一首词中，除了体现出已被公认的菊花之超然隐逸的特点之外，词人更写出了与"隐"不尽相同的意趣：菊之岁晚凋残、在秋风中萧索的凄凉况味，"恨潇潇、无情风雨，夜来揉损琼肌"。不仅如此，清照更从女性情怀出发，体味出菊花在季节流逝和时光摧折中的柔弱与无助。随着冬天的逼近，菊花"向人无限依依"的不舍与不甘离去之心情，其实流露的就是词人那种对时光流逝强烈的不舍与不甘，对女子爱情与生命消失的不舍与不甘："似愁凝、汉皋解佩，似泪洒、纨扇题诗。"词人正是怀着"无限依依"的深情反复咀嚼着生命的严酷与无情：纵有绝代姿容，纵有满腹才华，纵有在"朗月清风"中畅叙幽情的情趣，在残忍的现实面前，又能奈何呢？一句"天教憔悴瘦芳姿"，其震撼人心的力度绝不亚于一曲生命的悲歌，它既吐出了词人对似水流年的感叹，又流露出词人明知生命短暂却又无力改变的无奈，是"天"在主宰着人的生命，即使"爱惜"有加，也"不知从此，留得几多时"。这和"人生寄一世，奄忽若飚尘""浩浩阴阳移，年命如朝露"的《古诗》之慨有何等深刻的共鸣！

菩萨蛮

风柔日薄春犹早，夹衫乍著心情好。睡起觉微寒，梅花鬓上残。　　故乡何处是？忘了除非醉。沉水卧时烧，香消酒未消。

【注释】

乍著：初著，才穿上。

沉水：一种贵重的熏香，又名沉香。上好的沉水香"心至坚者，置水则沉"，因名"沉香"。

【点评】

李清照的人格价值和精神，不仅仅体现于她个人的独善其身、特立独行，更体现在她对国运变迁、政治动荡的敏感关注上。宋高宗南渡之后，许多士大夫和统治者一样苟且偷生，今朝酒买得今朝醉，对恢复失地或灰心失望，或根本无意国事，正所谓"山外青山楼外楼，西湖歌舞几时休。暖风熏得游人醉，直把杭州作汴州"。而李清照的"南渡衣冠少王导，北来消息欠刘琨"等雄词壮句足可证清照的豪气。但在词中，这种忧国情怀的抒发则完全体现了女性深微含蓄的抒情特点。"故乡何处是？忘了除非醉"，李清照的故乡在山东济南章丘、青州一带，那时已经沦为金国的属地，词人思故乡其实就是思故国。本来应该是阳光灿烂、心情明媚的春天，但词人心里却是一片荒凉：鬓边簪的梅花已经凋残，睡前点燃的沉香已经烧尽，可昨夜买醉的酒意仍然没有消退。悲己身之衰老孤寂、忧故园之惨遭践踏之情又如何能够驱遣！

菩萨蛮

归鸿声断残云碧，背窗雪落炉烟直。烛底凤钗明，钗头人胜轻。　　角声催晓漏，曙色回牛斗。春意看花难，西风留旧寒。

【注释】

归鸿：春天北归的鸿雁。此处象征着词人思乡、思归之情。

背窗：指烛光暗淡，喻夜深之时。

炉烟直：以笔直之烟气形容夜深人静的气氛。

钗头人胜轻：凤钗、人胜、花胜都是古代女子在人日所戴之头饰。古人以正月初七为"人日"。

角声：军营中的号角声。

漏：古代以铜壶滴漏来计时。

牛斗：星宿名，是二十八星宿之牛宿、斗宿二星。这里指天将破晓，暗示词人已彻夜不眠。

【点评】

这是一首伤春词，当作于建炎三年（1129 年）人日（正月初七）。按照词人一贯的情趣，春天应该是赏花的最好季节。但如今春的气息虽然渐渐明朗，词人的心却平添了一份惆怅和犹豫："看花难"。想"看"而不能"看"的原因，似乎是因为"西风留旧寒"，早春的寒意尚未完全消退，阻挡了词人踏春的脚步。但细玩词意，却能发掘出她内心不可遏止的悲痛与凄冷：破碎的河山哪里还有美好的春色可供赏玩？军营的号角声虽远犹近，词人守着窗儿，守到黑夜来临，守到曙色渐明——国破家亡的伤痛如影随形，须臾不曾离开过词人的眉间心上。

浣溪沙

莫许杯深琥珀浓。未成沉醉意先融。疏钟已应晚来风。

瑞脑香消魂梦断，辟寒金小髻鬟松。醒时空对烛花红。

【注释】

莫许：陈祖美、徐培均等学者均认为应作"莫诉"。"诉"有辞酒不饮之意，如韦庄《离席诉酒》诗，《菩萨蛮》词有"莫诉金杯满"句。

琥珀：形容酒的颜色与浓厚。

瑞脑：即龙脑，今称冰片，一种名贵的熏香。见段成式《酉阳杂俎》前集卷一。

辟寒金：三国时昆明国进贡一种能够吐金屑的鸟，鸟儿畏寒，特别怕霜雪，要专门盖小屋供它栖息，名唤"辟寒台"。当时宫女们喜欢用这种鸟吐的金子来作为钗佩等饰物的装饰，名为"辟寒金"。事载王嘉《拾遗记》。

【点评】

李清照是"好酒"之人。我们如今能读到的清照的词共约60首（含存疑之作），提到酒或醉的就有29首。而且，她似乎并不胜酒量，几乎每饮必醉：有时是"沉醉不知归路"，有时是"浓睡不消残酒"，有时亦借酒发痴"醉莫插花花莫笑"，有时又借酒消愁"故乡何处是？忘了除非醉。沉水卧时烧，香消酒未消"，有时则仅仅为醉而醉"金尊倒，拼了尽烛，不管黄昏"，有时更是酒不醉人人先醉"莫许杯深琥珀浓，未成沉醉意先融"……醉后的清照真是千姿百态，让人钦佩让人怜。可是无论清照以什么样的形式饮酒，在什么样的心情下饮酒，想要暂遣愁怀的她却总是"抽刀断水水更流，举杯消愁愁更愁"。独斟的清照"三杯两盏淡酒，怎敌他、晚来风急？雁过也，正伤心，却是旧时相识"，是一伤心妇人；婉辞聚饮后的清照"如今憔悴，风鬟霜鬓，怕见夜间出去。不如向、帘儿底下，听人笑语"，仍是一伤心妇人；赏花时"年年雪里，常插梅花醉"，却只"赢得满衣清泪"，还是一伤心妇人；写诗作词时"酒意诗情谁与共，泪融残粉花钿重"，只是一伤心妇人；酒醒后"黄昏院落，凄凄惶惶，酒醒时往事愁肠"，总是一伤心妇人……与其说李清照是一个词人，不如说她首先是一个伤心的妇人！而这种伤心，在清照的后期词作中体现得尤为明显，尤为催人泪下。"醒时空对烛花红"，一个"空"字，道尽词人历经国破夫亡后的种种"物是人非"之叹、种种借酒消愁愁更愁的无奈与无助。

浣溪沙

小院闲窗春色深。重帘未卷影沉沉。倚楼无语理瑶琴。
远岫出云催薄暮，细风吹雨弄轻阴。梨花欲谢恐难禁。

【注释】

瑶琴：以玉为饰的琴。瑶：一种美玉。此为琴之美称。

远岫出云：岫，山穴。陶渊明《归去来兮辞》："云无心以出岫，鸟倦飞而知还。"

【点评】

陈祖美认为此词当作于清照待字闺中之时，表达少女寂寞怀春之意。

与大多数的女子一样，花的意象也是李清照的至爱。在这首词中，李清照没有用她最爱的梅或菊的意象，而是选择了"梨花"。梨花开在春天，应是春的使者；可在词人眼中，满树的梨花只是和她一样，在春寒中寂寞地绽放，又在春暮时寂寞地零落，梨花成了伤春闺怨的代名词。无论是从早春到暮春的季节迁移，还是从黎明到"薄暮"的时光流逝，花开花谢都只是为了映衬词人内心的落寞。"小院""闲窗"、静静垂下的帘帏等，无不是词人空闺孤独的写照。

这首词可与《丑奴儿》（晚来一阵风兼雨）对照阅读。《丑奴儿》中的少妇对"檀郎"、理"笙簧"的幸福景象，恰与这首词中少女"倚楼无语理瑶琴"的伤春寂寞形成鲜明对比。

浣溪沙

淡荡春光寒食天。玉炉沉水袅残烟。梦回山枕隐花钿。

海燕未来人斗草，江梅已过柳生绵。黄昏疏雨湿秋千。

【注释】

淡荡：形容春光弥漫、融和荡漾的样子。

寒食：古代一个重要节令。一说为农历清明节前一天（也有以清明前两天为寒食者）。一说在冬至后的第一百零五天。寒食节最早应与农业有关，平原和丘陵地带，清明前"烧野火"，积草灰肥，杀害虫。另据《左传》记载，晋国臣子介之推跟随晋公子重耳过了十九年朝不保夕的流亡生活，在重耳饿晕之时，介之推割下自己的大腿肉烧熟了给重耳吃，他的忠心耿耿成就了后来的春秋五霸之一——晋文公。当晋文公为共过患难的臣子论功行赏之际，介之推却携老母上了山西介休绵山隐居。晋文公举大火烧山，希望借此逼出孝顺的介之推。大火蔓延了三天三夜之后，人们发现，介之推和他的母亲双双抱住一棵大树被吞没在大火之中。后悔不迭的晋文公为了纪念介之推，颁诏在他逝世的那天举国熄火，进冷食，这个日子就成了后来的"寒食节"。古人在这一天，不生火做饭，故称"寒食"。

沉水：即沉香。

山枕：两端隆起、中间低凹的山形枕头。

花钿：古时女子用于面容妆饰的一种金花。传说唐代韦固的妻子三岁时因被人刺伤，眉间留下刀痕，于是常以花钿为掩饰，后成为女子的常用妆饰。事见《太平广记》。

海燕：春天燕子从南方飞回，古人以为渡海而归，故名之"海燕"。

斗草：古时用花草来赌博比胜负的一种游戏。见《荆楚岁时记》。

江梅：参见《小重山》"春到长门春草青"点评。

【点评】

这是一首典型的春日闺情词。女主人公从蒙眬的睡意中醒来，视线从室内沉香袅袅的温馨幽静慢慢转向室外春光的融和骀荡：燕子即将北归，江梅已经开过，又到了柳絮纷飞的时节。这样的春天、这样的景致，本应和女伴们踏春寻芳、斗草嬉戏、尽情享受青春的好时光，可黄昏时飘飘洒洒的春雨沾湿了秋千，阻挡了女子游春的脚步，也似乎阻挡了女子萌动的春心……

凤凰台上忆吹箫

香冷金猊，被翻红浪，起来慵自梳头。任宝奁尘满，日上帘钩。生怕离怀别苦，多少事、欲说还休。新来瘦，非干病酒，不是悲秋。　　休休！这回去也，千万遍阳关，也则难留。念武陵人远，烟锁秦楼。唯有楼前流水，应念我、终日凝眸。凝眸处，从今又添，一段新愁。

【注释】

金猊：猊形金属香炉。猊，形似狮，性好火烟。

红浪：锦被上的绣文。或谓锦被乱摊于床上，如起伏之波浪。

宝奁：女性化妆用的华丽镜匣。

悲秋：宋玉《九辩》："悲哉，秋之为气也。"人感秋气而生悲痛之情。

阳关：唐代流行歌曲，根据唐代诗人王维的诗歌《送元二使安西》谱曲而成。当时演唱时将其中一些诗句再三叠唱，所以又称《阳关三叠》。如白居易《对酒诗》："相逢且莫推辞醉，听唱阳关第四声。"到宋代《阳关三叠》曲谱已失传，苏轼《东坡志林》一书云："旧传《阳关》三叠，然今世之歌者，每句再叠而已。若通一首言之，又是四叠，皆非是。"可见宋代《阳关》歌曲结构已经有所变化，但歌曲内容仍是表达惜别之情，曲调深挚感人。所谓"三叠""四叠"实是以一遍又一遍地反复咏唱来渲染离情。"四叠"已经使人沉醉在依依惜别的意境之中，更何况"千万遍阳关"。

也则：宋时口语，也是。

武陵：即桃源。兼用陶渊明《桃花源记》武陵人入桃源事和《幽明录》载刘晨、阮肇入天台山遇仙女事。

秦楼：见《孤雁儿》（"藤床纸帐朝眠起"）一词"吹箫人去玉楼空"注释。

【点评】

读清照之词，总被那种或浓或淡的愁绪所笼罩。如果说靖康之难后，国破家亡的悲痛、颠沛流离的苦楚、孤老无依的忧郁让词人无时无刻不处于深切的哀伤之中，那么在南渡之前的清照，又何以总是沉浸在"欲说还休"的忧郁中呢？古往今来，多少人猜测过这位千古奇女子的婚姻生活。有人说，她和赵明诚是琴瑟相鸣、举案齐眉的恩爱夫妻，这样的恩爱一直持续到明诚去世；有人说，清照三十来年的婚姻生活，并非后人想象的那样完美，而是有着太多的难言之隐。比如说膝下无子，比如说夫妻时不时的分离，再比如说赵明诚情理之中的纳妾甚至是偶尔的眠花宿柳……这一切，都可能给追求完美、禀赋敏感的李清照以沉痛的打击。女词人"新来瘦"的原因，不是因为"日日花前常病酒"的闲愁，也不是因为"萧瑟兮草木摇落而变衰"的悲秋，而是因为"离怀别苦"，更是因为多少"欲说还休"的隐痛。如果说"人比黄花瘦"还只是夫妻小别的娇痴，那么这回"千万遍阳关，也则难留"的离别，带走的可能就是词人心中理想的完美爱情了。丈夫的人已经不在自己身边；丈夫的心，还能完完整整留在自己身边吗？"楼前流水"回答不了词人满心的疑问，只能静静地陪伴着她整日的孤独，陪伴着她旧怨未了、新愁又添的沉默。①

一剪梅

红藕香残玉簟秋。轻解罗裳，独上兰舟。云中谁寄锦书来？雁字回时，月满西楼。　　花自飘零水自流。一种相思，两处闲愁。此情无计可消除，才下眉头，却上心头。

【注释】

红藕：荷花。

罗裳：罗裙。

兰舟：以木兰树木制成的舟，牢固芳香，因此木兰舟常被用作舟的美称。见任昉《述异记》。一说兰舟为"床"的雅称。

---

① 徐培均认为此词或作于大观三年（1109 年）九月，时赵明诚执意出游长清寻访金石碑刻，清照苦苦挽留不住。

锦书：十六国时前秦女诗人苏蕙（字若兰）曾织锦一幅作回文诗寄与丈夫，又称锦书。事载《晋书·列女传》。

雁字：古人认为鸿雁能传书信。《汉书·苏武传》载，苏武被囚于匈奴时，让汉朝使者告诉匈奴单于，说汉天子在上林苑打猎时，射中一只大雁，足上系帛书，写有苏武等人被囚之地，苏武于是得救。

"此情无计"句：范仲淹《御街行》："都来此事，眉间心上，无计相回避。"

【点评】

赵明诚入仕后，夫妻俩不得不开始时不时的小别。丈夫一走，多愁善感的女词人就只能将满腹相思的愁怨寄托在笔下。"红藕香残"，荷花已经凋谢了；"玉簟秋"，肌肤接触到竹席的时候，才猛然发现季节变了，靠着竹席已经觉得清冷，已经是萧瑟的秋天了。不过，最难忍受的还不是季节的萧瑟，最难忍受的是两地分居！为了排遣独居的寂寞，词人换上轻便的衣服，租条漂亮的小船，划船郊游去！可因为心里只想着丈夫，她竟然一点欣赏美景的心思都没有，只注意到了天边飞过的一行大雁。一看到大雁，就情不自禁想起了鸿雁传书的故事，情不自禁地想起了自己的丈夫：唉，要是这群大雁带回来丈夫的情书该多好！要是这群大雁带回来的情书告诉自己，丈夫不久就要回家和自己团聚的喜讯，那该多好啊！"月满西楼"，如水的月色洒满西楼，既暗示着"西楼"的空闺寂寞，又含蓄地表达着词人对夫妻团聚的渴盼。"花自飘零"，是照应第一句的"红藕香残"：荷花谢了，枯萎的花瓣落在水面上，随着水流四处飘散，香消玉殒。一方面，李清照是感叹花的飘零，一方面也是暗示丈夫：你的妻子也像花儿一样，再美的花朵也会有凋零的时候；而时光就像这无情的水流，带走了我的青春岁月，一去不复返了，你可要好好把握现在，别辜负了我的青春美貌啊！在相思人的眼里，一切景物仿佛都蕴涵着浓浓的相思之情，正可谓景中有情，情中有景，情景交融。"才下眉头"，李清照是想强颜欢笑，把因为思念而天天皱着的眉头舒展开来，可是思念却又悄悄地转移到了心头。这相思是无孔不入、无处可逃的折磨……

蝶恋花·晚止昌乐馆寄姊妹

泪湿罗衣脂粉满，四叠阳关，唱到千千遍。人道山长水又断，萧萧微雨闻孤馆。　　惜别伤离方寸乱，忘了临行，酒盏深和浅。好把音书凭过雁，东莱不似蓬莱远。

【注释】

阳关：参见前《凤凰台上忆吹箫》"阳关"条注。

方寸乱：心情纷乱。典出《三国志·蜀志·诸葛亮传》，徐庶谓心为"方寸之地"。

东莱：即山东莱州，当时赵明诚守莱州。清照于宣和三年（1121年）八月到莱州，与丈夫相聚。此词当赋于自青州到莱州途经昌乐之时。

蓬莱：神话中的海上三仙山之一。

【点评】

江淹《别赋》云："黯然销魂者，惟别而已矣。"所谓"悲莫悲兮生别离"，清照这首词就是抒发惜别之情。"泪湿罗衣""四叠阳关"已尽显离别伤痛，再加上独宿客舍，闻潇潇雨声，更显羁旅之凄清。不过词人的心绪虽然被离别搅乱，她的心情却并没有一味沉浸于哀伤之中。因为一方面，词人与姊妹的暂时别离是为了与丈夫欢聚；另一方面，毕竟莱州离家乡并不遥远。因此，词末笔力陡转，再一次展现出清照性情中豪放洒脱的一面，为原本"黯然销魂"的离别之情涂上了一抹亮色：鸿雁往来，一定会将亲人报平安的书信频繁传递，身虽两地，心却始终在一起。

蝶恋花

暖日晴风初破冻，柳眼梅腮，已觉春心动。酒意诗情谁与共？泪融残粉花钿重。　　乍试夹衫金缕缝。山枕斜欹，枕损钗头凤。独抱浓愁无好梦，夜阑犹剪灯花弄。

【注释】

柳眼：柳叶初生形状如眼。元稹《生春》："何处生春早，春生柳眼中。"李商隐《二月二日》："花须柳眼各无赖。"

钗头凤：钗上的凤形装饰。

【点评】

在中国诗歌史上，伤春情结似乎总与女子的命运拴在一起。无论是哪朝哪代，也无论是怎样的女子，拥有怎样的气质特征，在春来春去的感喟中总会产生无尽的联想与情绪。正所谓"春女感阳气而思男，秋士感阴气而思女，是其物化所以悲也"。女子在春天的感发下产生情爱的渴求，是谓春心；情爱之渴求得不到满足而产生伤春之情，这当是伤春最初的意蕴。清照也不例外，在"暖日晴风初破冻"的春情荡漾之际，她多想像平日里一样与爱人一起游春赏花、饮酒赋诗。但"酒意诗情谁与共"，爱人不在身边，或许丈夫又不知在何处漫游了吧？词人虽然换上了漂亮的春装，却只能无聊地倚在枕上，任凭头上的凤钗折损。陪伴词人度过漫漫长夜的，只有挥之不去的"浓愁"，只有独自明灭的青灯。春心蠢动但无人能共，是闺中思妇绵延不绝的愁绪。

鹧鸪天

寒日萧萧上锁窗，梧桐应恨夜来霜。酒阑更喜团茶苦，梦断偏宜瑞脑香。　　秋已尽，日犹长，仲宣怀远更凄凉。不如随分尊前醉，莫负东篱菊蕊黄。

【注释】

锁窗：即琐窗，镂有连琐花纹的窗棂。

团茶：茶饼。在当时有龙团、凤团两种，是一种较为名贵的茶，"以别庶饮"，说明此茶非一般老百姓所常饮。事见《宣和北苑贡茶录》。

仲宣：三国时人王粲，建安七子之一，因流落异乡怀念故土而作名篇《登楼赋》。揣测词意，这首词应是南渡之后词人晚年所作，寄予其怀念故国之意。一般认为词作于建炎二年（1128 年）秋天。

随分：随便、随处、随意。

东篱：用陶渊明"采菊东篱"句意。

【点评】

这是一首"悲秋"之作。梧桐、霜、菊等意象是鲜明的季节标志。梧桐是落叶乔木，每到秋阑，在风霜的侵袭下，落叶飘砌。深秋的"梧桐"在诗人们的笔下总是裹着凄凉的气氛："未霜叶已肃，不风条自吟。"（南朝宋鲍照《山行见孤桐》）李清照笔下的梧桐也正如同她不堪风霜摧折的心绪，"惊"着秋、"愁"着秋，"恨"着秋。即使词人想强自洒脱，"不如随分尊前醉"，告诫自己莫辜负了"采菊东篱"的雅兴，但这短暂的宣泄，又如何能驱遣在心中日积月累思念亲人、思念故乡的"凄凉"情绪！

小重山

春到长门春草青，江梅些子破，未开匀。碧云笼碾玉成尘，留晚梦，惊破一瓯春。　　花影压重门，疏帘铺淡月，好黄昏。二年三度负东君，归来也，著意过今春。

【注释】

长门：汉武帝的第一任皇后陈皇后，即成语"金屋藏娇"中的阿娇，因被更加年轻貌美的歌女卫子夫夺了皇帝的宠幸，被打入冷宫——长门宫。传说陈阿娇在绝望之中，花重金请当时的著名才子司马相如，写了一篇《长门赋》，向汉武帝表白，因此重新得幸于汉武帝。事载《文选》司马相如之《长门赋序》。《花间集》载薛昭蕴《小重山》词起句即为"春到长门春草青"，用以表达宫怨。李清照这里应是袭用其成句，其意也许是想说明连长门宫的陈阿娇都重新迎来了她生命里的春天，而词人自己，却是"二年三度负东君"，一而再、再而三地错过了。此词还可能暗喻了词人自己爱情的失落（详见第十一章《从今又添，一段新愁——新欢旧怨》）。

些子：一点儿，宋时口语。

碧云笼碾玉成尘：宋人喝茶常先碾（碾时往往以笼为容器）再煮，事见宋庞元英《文昌杂录》卷四。"碧云"状茶色之翠绿，"玉成尘"形容茶被碾成细末之形状。一说"碧云笼"谓贮

陈枚《围炉博古》

藏茶叶之器皿。

东君：东君原意指太阳神，屈原《九歌》中有《东君》篇。后来也有将东君理解为春神的，如唐王初《立春后作》诗："东君珂佩响珊珊，青驭多时下九关。方信玉霄千万里，春风犹未到人间。"宋辛弃疾《满江红·暮春》词："可恨东君，把春去，春来无迹。"

【点评】

宋范成大《梅谱》载："江梅，遗核野生，不经载接者。又名直脚梅，或谓之野梅。凡山间水滨，荒寒清绝之趣，皆此本也。花稍小而疏瘦有韵，香最清……"可见江梅并非梅中之最美者，但其韵高在于并不着意争春，处于"山间水滨"，疏瘦之体却具清寒之趣。李清照显然是赏识这种"野生"梅花的，但她的赏识不仅仅在于其"荒寒清绝"的与众不同，更多的似乎是借江梅之独处山间水滨来抒发其寂寥之情。这阕《小重山》描绘的是早春江梅半开半匀之时的神韵，词中既引长门旧事，下半阕的"二年三度负东君"则又透露了一种辜负几度春光的情绪，无疑蕴含着女性自怜自怨的情思。虽然是自怜，但春光微透，即使不刻意争春，也还是要"著意过今春"的。短短一阕词，重叠了词人层层思绪，迂回婉转，既传达了词人孤芳自赏的幽情清韵，又表达了词人惜春怜花、期待重拾爱情的寂寞愁思。①

---

① 徐培均认为此词当作于建炎二年（1128年），时李清照初到江宁，所谓"二年三度"，盖建炎元年春三月，赵明诚奔母丧南下，十二月金人陷青州，清照仓皇南奔，二年春抵江宁。在此二年中，因时局动乱，常与明诚离别，而甫至江宁，惊魂未定，无心伤春，辜负东君。"三度"指靖康二年、建炎元年及二年。其中靖康二年、建炎元年实属一年，即公元1127年，依年号称"二年"。

怨王孙

湖上风来波浩渺，秋已暮、红稀香少。水光山色与人亲，说不尽、无穷好。　　莲子已成荷叶老，清露洗、苹花汀草。眠沙鸥鹭不回头，似也恨、人归早。

【点评】

在清照以秋天为主题的词作中，这首《怨王孙》也许是其中格调最为明快的一首。在这里，肃杀萧瑟的气氛让位给了烟波浩渺的湖光山色。而在充满爱心的词人眼里，一切自然景物似乎都是与人的情感灵犀相通的。连在沙滩上休憩的鸥鹭似乎也在撒娇弄痴，"恨"游人归去太早，不再和它们一起久久流连……

临江仙

庭院深深深几许，云窗雾阁常扃。柳梢梅萼渐分明。春归秣陵树，人老建康城。　　感月吟风多少事，如今老去无成，谁怜憔悴更凋零。试灯无意思，踏雪没心情。

【注释】

扃：关闭。

秣陵：今南京。《汉书·地理志》：秣陵属丹阳郡。

建康：西晋改建邺为建康，即今南京。

试灯：古俗正月十五元宵节赏灯，节前的预赏称为"试灯"。

【点评】

此词后人辑录《漱玉词》引清照序云："欧阳公作《蝶恋

花》，有'深深深几许'之语，予酷爱之。用其语作'庭院深深'数阕。其声即旧《临江仙》也。"欧阳修《蝶恋花》原词为："庭院深深深几许？杨柳堆烟，帘幕无重数。玉勒雕鞍游冶处，楼高不见章台路。　　雨横风狂三月暮。门掩黄昏，无计留春住。泪眼问花花不语，乱红飞过秋千去。""庭院深深深几许"原本用以形容深闺女子与世隔绝的生活状态，清照用欧阳修成句亦袭用其原意。根据"春归秣陵树，人老建康城"句可知，这首词应作于南渡之后，时南宋小朝廷苟安于南京，朝中大权被主和派控制，不图恢复，不思进取。据清照《金石录后序》，赵明诚于建炎戊申（1128 年）知建康府（周应合《景定建康志》载赵明诚应于建炎元年，即 1127 年知江宁府，江宁府于 1129 年 5 月改称建康府）。清照随后南下，载书十五车来到南京，踏雪赋诗邀夫赓和之事也应发生在此时。一向喜欢"感月吟风"、游春踏雪的李清照，面对南宋朝廷的庸碌无为，愁苦悲愤之情溢于言表。"老去无成"，既是悲叹自己的韶华远逝——这时的清照已年近五十，更是悲慨朝廷的岌岌可危：主战派被排挤，李纲被罢官，宗泽含恨去世，"公卿有党排宗泽，帷幄无人用岳飞"。虽然元宵佳节在即，朝廷上下似乎已经忘却了国仇家恨，又开始张灯结彩，营造辉煌。可是词人却无法像往年一样投身于这样的风花雪月，纸醉金迷。"试灯无意思，踏雪没心情"，既是抒发内心的苍凉，又何尝不是讥刺朝廷的昏聩？

醉花阴

薄雾浓云愁永昼，瑞脑销金兽。佳节又重阳，玉枕纱橱，半夜凉初透。　　东篱把酒黄昏后，有暗香盈袖。莫道不销魂，帘卷西风，人比黄花瘦。

【注释】

瑞脑：龙脑，香料名，即今冰片。

金兽：一种香炉，金属兽形。

纱橱：纱帐。

东篱：用陶渊明《饮酒》"采菊东篱下，悠然见南山"句意。

黄花：即菊花。《礼记·月令》："菊有黄花。"

【点评】

丈夫远行，闺中留守的妻子又寄来"情书"倾诉相思之苦了。"每逢佳节倍思亲"，重阳节了，人家夫妻都团圆了，你怎么还把我一个人抛在家里呢？我一个人睡觉，半夜都被冻醒了——"半夜凉初透"！多凄凉、多让人心疼的一个弱女子啊！尤其这首词的最后三句，是千古流传的名句："莫道不销魂，帘卷西风，人比黄花瘦。"李清照外号"李三瘦"，这句"人比黄花瘦"就是其中最经典的一"瘦"。想丈夫想得茶不思饭不想，眼看着人一天天消瘦了，寒冷的西风卷起门帘——看，连院子里的菊花还显得要比人丰满几分呢。正所谓"衣带渐宽终不悔，为伊消得人憔悴"，一个留守妻子的寂寞无助、期待丈夫疼爱的形象跃然纸上。

好事近

风定落花深，帘外拥红堆雪。长记海棠开后，正伤春时节。　　酒阑歌罢玉尊空，青缸暗明灭。魂梦不堪幽怨，更一声啼鴂。

【注释】

青缸：青灯。如李白诗句"青缸凝明照悲啼"（《夜坐吟》）。

啼鴂：即鹈鴂，又名"子规""杜鹃""杜宇"。传说古蜀国君主杜宇（即望帝）禅位退隐，不幸国亡身死，灵魂化为杜鹃鸟，常在暮春啼叫，声音哀怨凄惨，悲痛以至口中流血。见《太平御览》卷八八八引《蜀王本纪》。屈原《离骚》："恐鹈鴂之先鸣兮，使夫百草为之不芳。"李白《宣城见杜鹃花》诗："蜀地曾闻子规鸟，宣城又见杜鹃花。一叫一回肠一断，三春三月忆三巴。"

【点评】

又到了"伤春时节"。也许在"幽怨"的词人眼里，无论是热热闹闹的春天，还是肃杀萧瑟的秋天，都会浓缩为一声长叹吧。在这首词中，清照一层层渲染着暮春的荒凉：曾经是姹紫嫣红的烂漫春光，如今只剩下"拥红堆雪"的落花；曾经是"海棠依旧"的美好春天，如今却只余伤春情绪；曾经是笙歌燕舞的繁华聚饮，如今只留下昏暗的青灯；更让人肝肠寸断的是"声声啼血向花枝"的啼鴂，似乎在"一声声道不如归去"。有理由相信，这并不是一首简单的"为赋新词强说愁"的伤春词，而是蕴含着词人更深切的悲痛。不啼清泪长啼血的杜鹃，似乎也知晓词人满腹的辛酸与怨恨。南渡词人辛弃疾也曾经写过这样的句子："蝴蝶不传千里梦，子规叫断三更月。听声声枕上劝人归，归难得！"（《满江红》）与这位爱国英雄一样，在南渡的颠沛流离中，李清照夜夜"魂梦"中念念不忘的，也是有朝一日能打过淮水去，收复家园，重新在故国的土地上悠游徜徉……

诉衷情

夜来沉醉卸妆迟，梅萼插残枝。酒醒熏破春睡，梦断不成归。　　人悄悄，月依依，翠帘垂。更挼残蕊，更捻余香，更得些时。

【注释】

夜来：昨夜。

悄悄：忧虑的样子。

挼：揉搓。

捻：用手捏。

更得：更须。得，山东方言，需要也。

【点评】

以"花"自况，是女性情感抒发的特点之一。李清照也不例外。李清照的所有 60 来首词中（含存疑之作），出现"花"或与花相关的如"红""香"等意象就有 60 多次，其中提到具体花名和出现"花"字各为 30 余次，有 10 首专咏花词。用这些数字来说明李清照与"花"的缘分应该是有说服力的。而在众香国里，李清照最偏爱的是梅花。梅花的意象在易安词中出现达 18 次，专咏梅花词就有 6 首（咏桂花词两首，咏菊和牡丹各一首），在易安词中稳居群芳之冠。梅花是早春寒日中的一道独特风景，又正因其"早"和"寒"，使得它既成为文人墨客标榜的孤高雅韵的象征，又成为美丽与孤独的灵魂写照。读清照的梅花词，往往情不自禁地沉浸在她着力渲染的美丽与孤独中，这种孤独在深夜梦回时会体现得尤为深刻：宿酒未醒，残妆仍在，帘帏静垂，月影徘徊，手中梅花的残蕊在挣扎着最后的芬芳，而女主人公又将在寂静的深夜里"抱影无眠"，独自等待黎明的到来。一句"梦远不成归"透露出词人内心更深切的痛苦：客居他乡、流落异地的苦难日子不知何时才是尽头。

据陈祖美考证，此词当作于明诚守建康日（1127年八月至1129年二月），为清照所作数阕闺怨词之一。

行香子·七夕

草际鸣蛩，惊落梧桐，正人间天上愁浓。云阶月地，关锁千重。纵浮槎来，浮槎去，不相逢。　　星桥鹊驾，经年才见，想离情别恨难穷。牵牛织女，莫是离中。甚霎儿晴，霎儿雨，霎儿风。

【注释】

云阶月地：指天上，以云为阶，以月为地。杜牧《七夕》诗："云阶月地一相过，未抵经年别恨多。"

浮槎：槎，用竹木编成的筏。传说天河与海相通，年年八月有浮槎来往。载张华《博物志》。

星桥鹊驾：传说每年七月初七乌鹊搭桥，让牵牛织女渡过银河相会。桥名乌鹊桥，又称星桥。

牵牛织女：牵牛织女故事见《续齐谐记》。《荆楚岁时记》："七月七日为牵牛、织女聚会之夜。"

莫：大概。

甚：时间副词，正。

霎儿：一会儿。

【点评】

历来咏牵牛织女七夕相会的诗词众多，其主题无外乎感叹经年离别的愁恨或情人相见的欣慰。后者如秦观的"金风玉露一相逢，便胜却人间无数"，认为牛郎织女永恒坚贞的爱情虽然只有一年一度的相聚，却远胜过无数人间夫妻的朝夕相处。清照这首七夕词则显然是取感叹离愁别恨之意，人间天上，有多少难以逾越的阻隔？纵有浮槎来来往往，纵有乌鹊年年架桥，可是一年一度的相见，又怎么能够慰藉那么长那么久的相思之苦？这一忽儿晴，一忽儿风，一忽儿雨的，想必牵牛织女又已经在离别之中了吧？天之阴晴，又何尝不是人之悲喜？

孤雁儿

世人作梅词，下笔便俗。予试作一篇，乃知前言不妄耳。

藤床纸帐朝眠起，说不尽、无佳思。沉香烟断玉炉寒，伴我情怀如水。笛声三弄，梅心惊破，多少春情意。　　小风疏雨潇潇地，又催下、千行泪。吹箫人去玉楼空，肠断与谁同倚？一枝折得，人间天上，没个人堪寄。

【注释】

藤床：藤制躺椅。

纸帐：置于藤床上的梅花纸帐，内可置布单、衾枕等物。见宋林洪《山家清事》。

笛声三弄：汉乐府《横吹曲》中有《梅花落》曲，是流行于唐宋文人之中的笛曲。另据《世说新语·任诞》记载：王徽之听说桓伊善于吹笛，一次偶遇桓从岸上过，王派人去请桓为他吹奏一曲。桓伊也素仰王徽之的大名，于是下车"为作三调"，奏毕即登车而去，主客"不交一言"。两人虽互不相识，也无须语言交流，却通过音乐达成了惺惺相惜的默契。李清照用这个典故，应是暗指她和丈夫的婚姻生活也曾经拥有过踏雪寻梅、和谐默契的境界，她多么希望如今即使一个人间，一个天上，这种无言的共鸣也依然会在每一个春天延续……

吹箫人去玉楼空：用《列仙传》箫史与弄玉的故事。传说秦穆公时有一个特别善于吹箫的才子叫箫史，秦穆公很喜欢听他吹箫，还把自己的女儿弄玉嫁给了他。弄玉跟着箫史学吹箫，能够将凤凰鸣叫的声音学得惟妙惟肖，后来两人吹箫引来了真的凤凰，夫妻俩跟着凤凰一起升天成仙。弄玉住的地方就叫"秦楼"，也称"玉楼"。此处将赵明诚比作箫史，"吹箫人去玉楼空"即言丈夫已经仙逝。

【点评】

此词小序云："世人作梅词，下笔便俗。予试作一篇，乃知前言不妄耳。"开门见山点明词的主旨是咏梅。词人一落笔便有"不鸣则已，一鸣惊人"之举，表面上好像是自谦，承认梅词的确难作，实质上却是词人的自信：世人作梅词皆俗，我却偏偏要另辟蹊径，不落俗套耳。然若以为此词真的只是咏梅，则又落词人预设之"陷阱"了。明为咏梅，实则悼亡词也。此词最后三句用陆凯折梅寄给远在长安的好友范晔的故事："折梅逢驿使，寄与陇头人。江南无所有，聊赠一枝春。"建炎三年（1129年）八月赵明诚去世后，李清照流落江南，一方面怀念天人永隔的丈夫，一方面思念被敌兵践踏的北国故土。词人多想能够仿南朝陆凯的故事，折一枝江南的梅花，寄给心中牵挂的人，但梅花在手，四顾茫然，又能寄给谁呢？"人间天上"，她和赵明诚，一个人间，一个天上，再也没人和她一起踏雪寻梅，再也没人和她一起烹茶赋诗，再也没人和她一起秉烛夜谈，甚至再也没人和她一起斗气赌狠，再也没有人能和她一起"归去来兮"，偕隐山林……

满庭芳

小阁藏春，闲窗锁昼，画堂无限深幽。篆香烧尽，日影下帘钩。手种江梅更好，又何必、临水登楼。无人到，寂寥浑似、何逊在扬州。　　从来，知韵胜，难堪雨藉，不耐风揉。更谁家横笛，吹动浓愁。莫恨香消玉减，须信道、扫迹情留。难言处，良宵淡月，疏影尚风流。

【注释】

篆香：一种较为名贵的盘香，常燃于佛像或者宴席前。见《香谱》。

登楼：用三国王粲登楼望乡故事。此词或为清照南渡以后所作，寄托亡国思归之意。

何逊：南朝梁诗人。何逊《扬州法曹梅花盛开》诗："兔园标物序，惊时最是梅。衔霜当路发，映雪拟寒开。枝横却月观，花绕凌风台。朝洒长门泣，夕驻临邛杯。早知应飘落，故逐上春来！"

韵胜：指梅花风神韵致胜过群花。宋范成大《梅谱》："梅以韵胜，以格高，故以横斜疏瘦与老枝怪奇者为贵。"

须信道：唐宋时方言，须知道。

扫迹：踪迹被扫尽，无所遗留。《文选》载孔稚珪《北山遗文》："乍低枝而扫迹。"

疏影：林逋《山园小梅》："疏影横斜水清浅，暗香浮动月黄昏。"

【点评】

在清照的咏梅词中，梅之清高雅韵的超凡脱俗和孤芳自赏的柔弱寂寞往往并存，因此清照笔下的梅花往往成为词人自身人格与心态的写照。花之寂寥一如人之寂寥，推己及花及人，则自己、梅花以及咏梅才子何逊都应是寂寥的。与其他的梅花词略有不同的是，这首词更着重描绘花残花谢时的幽怨。曾经为报春迎春而盛开、而芬芳过的梅花，终于抵挡不住"雨藉风揉"的摧折，香消玉殒。可是在词人眼里，虽然花谢了，落花的痕迹已经被扫尽，但其情其韵却长留在词人心中。无意与群花争春的梅，即使"零落成泥碾作尘"，再多的磨难、再多的坎坷，也摧不毁她顽强的生命力与高贵的品格，"只有香如故"。这种不同凡俗的风韵，多像词人自己的写照！清照何其不幸，以"高处不胜寒"的寂寞姿态顽强行走在那个时代；清照又何其有幸，"随情者醉其芬馨，飞想者赏其神骏"，千载以还，知音无数。易安有灵，亦当含笑。

玉楼春·红梅

　　红酥肯放琼苞碎，探著南枝开遍未？不知蕴藉几多时，但见包藏无限意。　　道人憔悴春窗底，闷损阑干愁不倚。要来小酌便来休，未必明朝风不起。

【注释】

　　红酥：胭脂类化妆品，此为形容红梅的颜色质地。
　　南枝：南枝向阳，梅花先开。
　　蕴藉：酝酿。
　　南枝：南向温暖而花开较早。宋朱翌《猗觉寮杂记》卷上载："梅用南枝事，共知《青琐》《红梅》诗云：'南枝向暖北枝寒。'"
　　道人：学道之人，此为词人自称。一说"道人"为"知人"，此处以拟人手法，谓梅花知人憔悴。

要来：邀来。此处谓邀人赏梅。

休：语助词，犹"罢""了"。

【点评】

南枝红梅含苞欲放，暗示了时节为早春。词人刻意渲染了红梅烘托出来的春的繁华，却又因这刻意的繁华而更反衬出词人自身的寂寞愁绪。她想赏花，无奈"道人憔悴春窗底"，连梅花都仿佛了解、同情着词人的憔悴，再和美的春天、再娇艳的花朵，都驱散不了词人孤独的情绪。虽然词人在词末强自振作：想来赏梅饮酒就不要再犹豫，赶紧来吧，说不定明天一起风，又是花落香殒，即使有赏花的意兴，也只能徒然伤逝了。也许是词人经历过的风雨波折太多太坎坷：个人的，家庭的，国家的。一切的一切，都是她生命中抹不去的阴影、抚不平的伤痛。易安善感的心灵，善感的词笔，总是唯恐美丽的事物被无情的风雨摧折，总是担心美好的时光消逝得太快，她渴望把握却又无从把握，这是何等悲怆的情怀！

渔家傲

雪里已知春信至，寒梅点缀琼枝腻。香脸半开娇旖旎。当庭际，玉人浴出新妆洗。　　造化可能偏有意，故教明月玲珑地。共赏金尊沉绿蚁，莫辞醉，此花不与群花比。

【注释】

琼枝：形容梅枝被冰雪覆盖的洁白如玉。

娇旖旎：妩媚娇艳。

玉人浴出：似用杨贵妃华清池温泉出浴故事，形容蜡梅之娇艳媚态。白居易《长恨歌》："春寒赐浴华清池，温泉水滑洗凝脂，侍儿扶起娇无力。"

造化：大自然。

绿蚁：酒面上的绿色泡沫，后也作为酒的别称。

【点评】

"此花不与群花比"，一句话道出清照清风傲骨，不愿与流俗相提并论的孤高心态，此词或为清照年少气盛时的作品。梅花本"以韵胜，以格高，故以横斜疏瘦与老枝怪奇者为贵"（范成大《梅谱》）。李清照以一女子傲然于优秀词人辈出的宋代，却并不妄自菲薄，更不矫揉作态，博取同情和怜悯，以倜傥风骨特立于男性社会。"易安在宋诸媛中，自卓然一家，不在秦七（秦观）、黄九（黄庭坚）之下，词无一首不工，其炼处可夺梦窗（吴文英）之席，其丽处直参片玉（周邦彦）之班，盖不徒视巾帼，直欲压倒须眉。"（李调元《雨村词话》）不仅因其艺术创作手法的新奇超妙、风格的刻挚婉约，也因其高尚的人格，不随波逐流的禀性，忧国忧家的屈骚之思，超然隐逸的陶令之气，深为后人敬重。尽管不少人出于维护封建男权意识形态，对易安词和为人的率情率性多有诟病，李清照"为词家一大宗"的地位却是公认的。寒梅傲雪笑群芳的自信确实是李清照人格的自我写照！

清平乐

年年雪里，常插梅花醉，挼尽梅花无好意，赢得满衣清泪！　　今年海角天涯，萧萧两鬓生华。看取晚来风势，故应难看梅花。

【注释】

看取：试看。取，语气助词。

【点评】

此词可与《诉衷情》（夜来沉醉卸妆迟）、《菩萨蛮》（风柔日薄春犹早）等阕互相参看。在清照众多的咏梅词中，寂寥与浓愁就如同寒梅的幽香雅韵，弥漫在词人忧郁的心中、忧郁的笔下，拂之不去。李清照是爱梅花、爱春天、爱雪景的。据《清波杂志》记载："……明诚在建康日，易安每值天大雪，即顶笠披蓑，循城远览，以寻诗得句，必邀其夫赓和，明诚每苦之也。"这是一个多么热爱自然、多么风雅浪漫的女子！"年年雪里，常插梅花醉"，是往昔的风流浪漫；"挼尽梅花无好意，赢得满衣清泪"，却是今日的忧愁苦痛。而"满衣清泪"的根源，一是因为金人南侵如"晚来风势"般迅疾凶猛，词人不得不开始"海角天涯"的流浪，故国沦落敌手，多少与词人一样的大宋子民无家可归；一是"萧萧两鬓生华"的衰老，垂垂老矣的孤苦孀妇独自在人间苦度岁月。即使年年春光依旧，可当年"顶笠披蓑，循城远览，以寻诗得句"的逸情雅韵却再也找不回了。即使梅花依旧迎雪盛开，可是在黄昏风雨的一再侵袭下，怕也凋零"难看"了吧！

鹧鸪天

暗淡轻黄体性柔，情疏迹远只香留。何须浅碧轻红色，自是花中第一流。　　梅定妒，菊应羞，画栏开处冠中秋。骚人可煞无情思，何事当年不见收。

【注释】

　　骚人：即屈原，因屈原作《离骚》得名。《离骚》中载多种花卉草木之名，独未见桂花。此处借"批评"屈原没有眼光，居然遗漏了"花中第一流"的桂花，来烘托桂花的不同凡俗。

【点评】

　　在清照咏花词中，除了梅和菊外，桂花应是最被看重的花卉了。读此词，似乎清照尤其钟爱的梅和菊，一旦遇到桂花，也不得不退居其次，成为桂花的陪衬。桂花之所以成为词人眼中"自是花中第一流"的花魁，原来并不在于外表的艳丽，它无须像其他花儿那样依靠"浅碧轻红色"的装饰；它的美，在于内在的清高，在于"暗淡轻黄"的温柔禀性，在于"情疏迹远"的幽香清韵。其实，花即人，人即花，"自是花中第一流"，是词人评花；而将这句"自是花中第一流"送给清照，也是名副其实的吧！清照之美，不在于浓妆艳抹，与群芳争妍斗艳，她在生活中"食去重肉，衣去重采，首无明珠翡翠之饰，室无涂金刺绣之具"，崇尚朴素简单之美，但其才其情其识，却足以让千古之下的才子佳人叹为观止，千载以下，仍令人无限追慕其幽雅情韵。

添字采桑子

　　窗前谁种芭蕉树？阴满中庭。阴满中庭。叶叶心心、舒卷有余情。　　伤心枕上三更雨，点滴霖霪。点滴霖霪。愁损北人，不惯起来听。

【注释】

　　添字采桑子：又作添字丑奴儿。

霖霪：久雨。见《尔雅·释天》。

【点评】

读这首词，感受最深的首先就是词中重叠技巧的运用，以及依靠重叠手法而层层递进的"伤心"之情："阴满中庭；阴满中庭""点滴霖霪；点滴霖霪""叶叶心心"等。中国诗歌自最早的诗歌总集《诗经》开始，叠字、叠词、叠句甚至叠章的手法就成为诗歌的重要技巧之一。易安词中重叠回环手法的频繁使用，正是体现了女性情感的"痴"劲儿与"傻"劲儿，与女性意识表达的曲折回环、执着迫切确实有密切关系。如果说《诗经》中重叠手法的大量运用还是人类童年时代本能的一种语言习惯，亦与当时诗歌用于歌唱的需要有关，那么这种手法在后世文人作品中的运用则多为艺术才华的展现。翻阅历来诗词歌曲，男性诗人词人虽然也有用叠字叠词叠句者，但像李清照一样运用重叠手法成为一种突出的风格，成为一种个性化的独到的表现方式，甚至成为一种信手即可拈来的创作习惯，则清照应是唯一一人。词人一开篇就发出质问：是谁将芭蕉树种在窗前？显然这是一个无须回答的问题。是谁种下芭蕉不重要，可是茂盛的芭蕉浓荫覆满中庭，"叶叶心心""舒卷"起来的情，却像江南的雨一样，点点滴滴都落在词人的心上。芭蕉本已有忧愁的含义："芭蕉不展丁香结，同向春风各自愁。"（李商隐《代赠》）更何况江南绵延不断的雨，让从北国飘零而来的词人心中一片潮湿。"愁损北人、不惯起来听"，看惯了北国一览无遗的阳光，江南无休无止的雨仿佛清照心中层层堆积的愁绪。情何以堪！情何以堪！

忆秦娥

临高阁。乱山平野烟光薄。烟光薄。栖鸦归后，暮天闻角。　　断香残酒情怀恶。西风催衬梧桐落。梧桐落。又还秋色，又还寂寞。

【点评】

与伤春的传统一样，悲秋也是中国诗词常见的"季节病"之一，只不过感物而动、"发病"的季节不一样而已。从屈原的悲秋深蕴君国濒危之思、弃臣飘落之叹，宋玉的悲"贫士失职而志不平""羁旅而无友生"，到潘岳的《秋兴赋》，悲秋在文人士大夫心中蕴含了"送归怀慕徒之恋""远行有羁旅之愤""临川感流以叹逝""登山怀远而悼近"等种种悲苦。秋之萧瑟、草木之零落引起怀人、羁旅、惜时等情绪。而清照的悲秋无疑是这种种悲苦情绪的集合。在流落江南的日子里，词人在肃杀的秋天"临高阁"，登高自然是为了"怀远"——远方的故乡。可是除了暮归的乌鸦，除了战争过后一片萧瑟的"乱山平野"，故乡在词人的视野里依然是不可望不可即。"暮天闻角"，战争虽然暂时停歇，可是军营的凄厉号角吹破黄昏的宁静，带给词人的依然是有家不能归的创痛。于是词人笔下的秋天，又更平添了几分惨烈寒恻之气，西风带着摧毁一切、戕伐一切的力道，使草木凋残——"梧桐落"，使暗香零落，更使敏锐的词人在秋天比在任何时候都更能感受到季节的更替是如何迅速无声地带走有限的时光、有限的生命，逼近有限的衰老而死亡。词人深刻的生命意识于是在秋天更容易投射到山川草木等外物上，又在万物衰变的景象中反射回内心，使人倏然意识到自己已经"渥然丹者为槁木，黟然黑者为星星"。"远行羁旅"的愤慨，伤逝叹老的悲凉，就这样在词人的心中笔下浑然一体了。

念奴娇·春情

萧条庭院，又斜风细雨、重门须闭。宠柳娇花寒食近，种种恼人天气。险韵诗成，扶头酒醒，别是闲滋味。征鸿过尽，万千心事难寄。　　楼上几日春寒，帘垂四面，玉栏干慵倚。被冷香消新梦觉，不许愁人不起。清露晨流，新桐初引，多少游春意。日高烟敛，更看今日晴未。

【注释】

恼人天气：谓春天风雨相加、春寒未退的天气令人烦恼。

险韵诗：用生僻字来押韵写成的诗。

扶头酒：酒性很烈，让人容易喝醉的酒。杜甫《醉题五绝》诗有句云："醉头扶不起，三丈日还高。"

清露晨流，新桐初引：语出《世说新语·赏誉》，既形容梧桐新叶初生，露水晶莹流淌的春景，亦用以形容人物风神清朗。引，萌发、生长。

【点评】

易安词的一个重要特点是其拟人手法的运用，如"绿肥红瘦"，如"妒风笑月"，如这首词中的"宠柳娇花"。前人多以"宠柳娇花"语"新丽之甚"，是"易安奇句。后人窃其影，似犹惊目"。大约只有同样知"宠"怜"娇"的女子才能说出这种常人无法想象的词句。"玉栏杆慵倚"的词人，多像《诗经·伯兮》中那位望穿秋水等待夫君归来的女子："自伯之东，首如飞蓬。岂无膏沐，谁适为容?"在这首道尽春情意的词中，在这个本应是柳被"宠"着、花被"娇"着的季节里，词人偏偏逢着了斜风细雨的"恼人天气"。有心也去"宠"柳"娇"花的她却只能在重门深闭的闺楼中，回忆起当年自己被宠着、被娇着的幸福模样。而如今已经尝尽"闲"滋味、"愁"滋味的词人只能独自编织着险韵的诗、咽着苦涩的烈酒，猜测着门外的春天是否还会有如往昔般晴朗的阳光。

永遇乐·元宵

落日熔金，暮云合璧，人在何处。染柳烟浓，吹梅笛怨，春意知几许。元宵佳节，融和天气，次第岂无风雨。来相召、香车宝马，谢他酒朋诗侣。　　中州盛日，闺门多暇，记得偏重三五。铺翠冠儿、捻金雪柳、簇带争济楚。如今憔悴，风鬟霜鬓，怕见夜间出去。不如向、帘儿底下，听人笑语。

【注释】

落日熔金，暮云合璧：宋廖世美《好事近》："落日水熔金，天淡暮烟凝碧。"

吹梅笛怨：汉乐府《横吹曲》中有《梅花落》，旋律哀怨惆怅。

次第：转眼。此句谓虽然现在天气晴朗，恐怕转眼就有风雨侵袭吧？

谢：婉言拒绝。

中州：大致相当于今天的河南省，因其处于九州之中，故名"中州"。

三五：即正月十五元宵节。

铺翠冠儿：用翡翠羽毛作装饰的帽子。

捻金雪柳：以金线捻丝装饰的绢花或纸花，为宋代妇女节日时的贵重妆饰物。

簇带：头上戴满装饰，"带"同"戴"。

　　济楚：整洁美丽的样子。

　　风鬟霜鬓：头发纷乱斑白的样子。唐传奇《柳毅传》有"风鬟雨鬓""风霜满鬓"语。

　　怕见：怕得、懒得。

【点评】

　　在李清照众多的伤春词中，有一类伤春词特别值得注意：即将女子的伤春闺情与故国乡土之思糅合在一起，既叹女子春心的失落，又伤复国归家之愿望渺茫的伤春词。清照经历了南渡的丧乱，被迫离乡别井，流落江南，特殊的经历使其伤春词具有了与一般女性词人不同的个性：将身世之感并入伤春情绪，其状景抒情不露斧凿的痕迹，在自然抒发中见真情。词中有对个体生命的春天消逝，感叹韶华易老的悲情：如今容颜憔悴，鬓发斑白，即使有酒朋诗友来召唤，也只好以"次第岂无风雨"为理由婉言谢绝，独自在"帘儿底下"，听他人的繁华热闹、欢歌笑语；词中更有对故国的殷切思忆：江南的元宵节，虽然依旧有流金溢彩的落日，有灿烂的云霞烘托着璧玉般的满月，可是在这样美丽的日子里，她却提不起游玩的兴致，而是不由得深深怀念起在故都汴京（即今之河南开封）度过的每一个元宵佳节。"记得偏重三五"，那时还没有经历过深重的国难家难，无忧无虑的岁月，她喜欢和闺中女友一起打扮得漂漂亮亮，尽情享受节日的快乐。今昔对比，往日的繁华热闹反衬出今天的憔悴与失意，正可谓"以乐景写哀"，而倍增其哀痛。再进一步细审词意，我们会发现词人原来还隐藏着更深层的感慨：国家只剩半壁江山，恢复中原的希望渺茫，可是刚刚从战火中喘息过来的南宋小朝廷居然又开始莺歌燕舞，醉生梦死，这种苟且偷安的现状怎不叫心怀家国的词人心痛！难怪这首词赢得了不少爱国词人的深切共鸣，南宋末年刘辰翁在其《须溪词》中就曾说道："余自辛亥上元诵李易安《永遇乐》，为之涕下。今三年矣，每闻此词，辄不自堪，遂依其声，又托之易安自喻，虽辞情不及，而悲苦过之。"豪壮如辛弃疾，也化清照之句为"泛菊杯深，吹梅笛怨"，以喻黍离麦秀之心，可见易安词风格影响之深远。

长寿乐·南昌生日

微寒应候，望日边、六叶阶蓂初秀。爱景欲挂扶桑，漏残银箭，杓回摇斗。庆高闶此际，掌上一颗明珠剖。有令容淑质，归逢佳偶。到如今，昼锦满堂贵胄。　　荣耀，文步紫禁，一一金章绿绶。更值棠棣连阴，虎符熊轼，夹河分守。况青云咫尺，朝暮重入承明后。看彩衣争献，兰羞玉酎。祝千龄，借指松椿比寿。

【注释】

日边：喻指帝王身边。此处指祝寿对象生于帝京。

阶蓂：古人以蓂荚为祥瑞之草，生于阶下，为"王者贤圣太平和气"的象征。一日生一荚，"六叶阶蓂"指祝寿对象生日为初六。见张衡《东京赋》。

爱景：景即日光。日有"爱日畏日"，见徐坚《初学记》引梁元帝《纂要》。爱，冬日。爱景，指冬天太阳的光辉。

扶桑：东海中的神木。古人认为"日出于旸谷，浴于咸池，拂于扶桑"。见《淮南子·天文训》。这里是指太阳初升的黎明。

银箭：古代用以计时的漏刻。李白《乌夜啼》："银箭金壶漏水多"。此处谓更漏将残，东方破晓，为祝寿对象降生之时。

杓回摇斗：斗，北斗七星。《淮南子·天文训》："斗杓为小岁。"注："斗第一星至第四为魁，第五至第七为标。"杓，即标，亦称斗柄。杓回摇斗，指斗柄北指，为冬日之象。

闳：宏大。高闳，指贵族。

昼锦："衣锦夜行"指富贵不归故乡，见《汉书·项籍传》载项羽语。昼锦，富贵而归故乡。唐王维《送秘书晁监还日本国诗序》："欲其昼锦还乡，庄舄既显而思归。"

紫禁：皇宫。谢庄《宋孝武宣贵妃诔》："掩彩瑶光，收华紫禁。"载《文选》。李善注："王者之宫，以象紫微，故谓宫中为紫禁。"

——金章绿绶：指都成为高官。《汉书·百官公卿表》载，秦朝时丞相为金印紫绶，汉高祖时丞相改名相国，绿绶。

棠棣：此指兄弟。棠棣本为蔷薇科植物。诗人以棠棣比兄弟，可能是因为棠棣的花三三两两相互依凭。《诗经·棠棣》毛序云："棠棣，燕兄弟也。"

虎符：此以虎符代郡守。《史记·文帝纪》："三年九月，初与郡守为铜虎符、竹使符。"应劭曰："铜虎符第一至第五，国家当发兵，遣使者至郡合符，符合，乃听受之。……"张晏曰："符以代古之圭璋，从简易也。"师古曰："与郡守为符者，言各分其半，右留京师，左以与之。"

熊轼：《后汉书·舆服志》载熊形之车前横木为公侯车的装饰。轼，车厢前供人凭依的横木。

夹河分守：《汉书·杜周传》载杜周位列三公，两子夹河为郡守，家资巨万。此处用杜周事称颂生日者两子亦俱为郡守。

青云咫尺：马上就要青云直上，飞黄腾达。《史记·范雎传》："须贾顿首言死罪，曰：'贾不意君能自致于青云之上。'"

承明："承明"为著书立说的地方，在宋代即为秘书省。这里是称颂对方两个儿子不久将成为翰林学士等一类皇帝近侍。

班固《两都赋》："内有承明、金马，著作之庭。"

彩衣：《太平御览》载孝子老莱子常着五彩斑斓之衣取悦父母。这里借指儿子为母亲祝寿。

兰羞玉酎：美酒佳肴。这里指儿子在祝寿时争相为母亲敬献酒肴。

松椿：松、椿皆为象征长寿之树。《诗经·天保》："如月之恒，如日之升。如南山之寿，不骞不崩。如松柏之茂，无不尔或承。"《庄子·逍遥游》："上古有大椿者，以八千岁为春，八千岁为秋。"

【点评】

此为祝寿诗，祝寿对象为一福寿双全的贵妇人，或云为韩肖胄母文氏而作，南昌乃夫人诰命。词中既歌颂贵妇人自身的品貌双全，也赞美对方教子有方，两个儿子均功成名就、前程远大，且孝顺知礼。

蝶恋花·上巳召亲族

永夜恹恹欢意少。空梦长安，认取长安道。为报今年春色好。花光月影宜相照。　　随意杯盘虽草草。酒美梅酸，恰称人怀抱。醉莫插花花莫笑。可怜春似人将老。

【注释】

上巳：上巳节，农历三月初三。

恹恹：精神不振的样子。

长安：今西安。因长安曾是汉、唐都城，后人诗词常用"长安"指代都城。此以长安指代北宋都城。

草草：草率、简单、杂乱的样子。

酒美梅酸：酒宴中用梅可以解酒。

恰称：恰好适合。

醉莫插花：宋人无论男女，均有簪花习俗。

【点评】

似乎没有哪位女子不爱做梦。梦一方面是女子逃避现实苦难、寻求虚拟幸福的手段，一方面又是女子出神冥想时呈现的幻境。的确，女性是感情的动物，梦则是感性思维活动的产物，清照也不例外。在易安词中，"梦"意象一共出现了 16 次，显然，清照也是一位爱做梦的女子。虽然梦的作用主要是"用愉快治疗悲哀，用希望和快乐的解愁梦象治疗忧伤，用爱和友谊治疗仇恨，用勇气和洞察治疗恐惧；它用信念和坚定的信仰减轻疑虑，用实现代替空虚的期待。白天不断重现的许多精神创伤被睡眠所治愈……时间的安慰作用在一定程度上有赖于此。"（弗洛伊德《释梦》引普耶金语）可是在清照这里，梦的"安慰作用"消减到几乎等于零，她的梦和现实一样充满了愁苦，充满了哀怨，"独抱浓愁无好梦"，又或者"魂梦不堪幽怨"。她想在梦里飞回故国，重返故都，但梦境之后的失落更让人心情沉重。既然梦无法消解现实的悲情，词人又转而向"酒"中寻求解愁的良方。可惜呼朋唤友的暂时沉醉非但没让词人逃避苦难：乘着酒兴插在鬓上的鲜花，仿佛也在肆意嘲笑着词人的衰老……酒与梦不但不能分担现实的忧愁，反而将现实的忧愁延续到了梦中、醉中，形成双重、甚至多重的忧愁。失去了青春、失去了家园、失去了故国的词人，在每一个春天，就只能用自己的词笔挥洒这样浓郁的哀愁了：从"如今憔悴，风鬟霜鬓，怕见夜间出去"的元宵节，到"醉莫插花花莫笑，可怜春似人将老"的上巳节，再到"黄昏疏雨湿秋千"的寒食节。春天的温暖繁华年年依旧，可词人心中的春天早已一去不复返了。

武陵春

风住尘香花已尽，日晚倦梳头。物是人非事事休，欲语泪先流。　　闻说双溪春尚好，也拟泛轻舟。只恐双溪舴艋舟，载不动、许多愁。

【注释】

双溪：浙江金华南郊地名。见《浙江通志》。金华是清照晚年主要的居住地之一。

舴艋舟：即小船，两头尖如蚱蜢。张志和《渔父》词："钓台渔父褐为裘，两两三三舴艋舟。"

【点评】

贾宝玉曾说：女儿是水做的。其实说得再确切一点，应该是：女儿是泪做的。女人天生就是感情的动物，她那流不完的泪就是一个明证。在清照的词中，无论是"赢得满衣清泪"，还是"凉生枕簟泪痕滋"，或者是"泪融残粉花钿重"，又或者是"如今憔悴，但余双泪"……在泪的倾洒中，我们也许更能深切体会到清照柔弱的禀赋，意识到清照首先是一个女人，然后才是一个词人。是女人，就会有女人的情感；是女人，就会有女人的泪；是女人，就会有女人的语言。而这女人的情感、女人的泪、女人的语言，几乎全都浸润在她们的词笔中，无论是幸福的时光，还是漂泊的岁月，女人的词笔首先是浸满泪水，然后才是蘸上墨水。从清照的词来看，她的泪似乎主要集中在后半生，"欲语泪双流"。伤苦的泪居然将想说的话硬生生地堵了回去，难怪人说她"未语先泪，此怨莫能载矣"。《莲子居词话》

云："易安《武陵春》其作于祭湖州（即赵明诚，赵生前曾任湖州知府）以后欤？悲深婉笃，犹令人感伉俪之重。"显然，这是一首怀人之词，而被怀念的人，就是已永远离清照而去、却永远留在清照心中的赵明诚。"物是人非"，明诚去后，夫唱妇随、妇吟夫和的时光永远凝结成了回忆，成为清照心头永远的创伤、永远的悲愁。双溪的明媚春光，也许还勉强牵动着词人的游春之意兴，只可惜这双溪的小船，已经无法承载起词人沉重的哀愁了。

声声慢

寻寻觅觅，冷冷清清，凄凄惨惨戚戚。乍暖还寒时候，最难将息。三杯两盏淡酒，怎敌他、晓来风急。雁过也，正伤心，却是旧时相识。　　满地黄花堆积，憔悴损，如今有谁堪摘？守著窗儿，独自怎生得黑。梧桐更兼细雨，到黄昏、点点滴滴。这次第，怎一个、愁字了得！

【注释】

将息：休养、休息。

怎生：如何、怎样。

这次第：这许多情况、这种种情形。

【点评】

"李清照《声声慢·秋闺》词云：'寻寻觅觅……'首句连下十四叠字，真如大珠小珠落玉盘也。"（《词苑丛谈》）前代学者多赞此语"情景婉绝，真是绝唱""用字奇横而不妨音律，故卓绝千古"，都道出了此词叠字运用之出类拔萃。"气机流动，前无古人，后无来者，可为词家叠字之法""后人效颦，便觉不妥"。多数论者都认为李清照敢用十四个叠字作为词之开篇，是其性格中之丈夫气的流露，"玩其笔力，本自矫拔，词家少有，庶几苏（轼）、辛（弃疾）之亚"……仿佛赞美女子的奇才，必"上攀"男性才子才能获得特殊的文学价值。女人要以独立的人格获得与男性君子们平等的思想，女子的文学作品要以杰出的才华、自由的情感抒发获得与士大夫文人们平等的价值，那女人就只能将自己异化成男人，或在男性文人笔下的评论中异化成男人。正如西蒙娜·德·波伏娃所说的"……把男人定义为人，把女人定义为雌性——每当她的举止像一个人时，她就被说成是模仿男人。"可是在这样的历史和习惯思维中，居然冒出来一个李清照，她不是一个地道的"女人"，至少不能完全按照传统去解读她。

例如这首《声声慢》中的叠字运用，除了体现出清照超群的才力，更主要表现出她不与时代同音的女性意识。叠字的重复使用，正适合女性情感之曲折连绵的表达途径。情之愈深愈痛，其表达亦必愈烈愈切，不这般用字，无法深切地传递出词人九曲回肠的痛切之情。词中除了叠字的反复使用之外，那重重表达凄清、寒冷、寂寞的意象一层层堆砌出词人浓重的愁情："满地黄花"都已"憔悴损"，更何况是独自守着窗儿冷冷清清的柔弱女子！一般认为黄花即菊花。菊"虽傲霜，其实畏之，一为风所凌便非向者标致，风雨犹然，何况于霜乎"？以女性情怀去体认的菊花原来并不像士大夫文人笔下的那般傲然挺立、高贵清冽，而是和"难堪雨藉、不耐风揉"的梅花一样，共同体现了清照作为女性柔弱和悲剧性的一面。在这样清冷肃杀的季节里，词人寻寻觅觅着的，也许是瑟瑟寒风中的一缕温情，也许是一份来自远方的安慰，可是她没有寻觅到。"雁过也，正伤心，却是旧时相识"，孤独的人儿看到熟悉的雁儿飞过，勾起她对熟悉的人、熟悉的往事的回忆，却看不到熟悉的身影、熟悉的伴侣。失望的词人再也不能寄希望于南来北往的雁儿了，因为满腔希望和期待落空后的失望只会让人觉得更加辛酸："暮天雁断，楼上远信谁传？恨绵绵""征鸿过尽，万千心事难寄"。谁与传信，甚至传信与谁，在孤独的词人这里，都得打上一个问号。远离了朝夕相伴的爱人，正如失群的孤雁，独自在人世中，找不到生存的依靠与希望："早知半路应相失，不如从来本独飞。"

值得一提的是，此词描写的季节背景颇难指实。一般菊花、梧桐等意象为秋季所常见；但"乍暖还寒时候"似又应指早春，如词确实写于春天，则"黄花"显然不应解释为菊花，且梧桐、细雨、雁等意象也并非仅限于秋季。此是解读该词颇费踌躇之处。不过中国古典诗词的创作有时并不以实景所限，即景抒情固然常见，为情造景亦属寻常。莫非清照在此词中描摹的只是如秋天般萧瑟、清冷的心境，而创作的时节却是乍暖还寒的早春？词是悲秋还是伤春可再商榷，但词人心境的悲伤却是毫无疑问的。

点绛唇

寂寞深闺，柔肠一寸愁千缕。惜春春去，几点催花雨。倚遍栏干，只是无情绪。人何处。连天芳草，望断归来路。

【点评】

这首《点绛唇》和《如梦令》（昨夜雨疏风骤）、《浣溪沙》（小院闲窗春色深）等词作都是清照抒发春暮伤怀之作。从对海棠、"花雨"、梨花凋零的怜惜中，联想到自身的容颜渐衰，情怀"不似旧家时"。在这种对春暮的感怀之中，又蕴含着怀人（当然是怀念丈夫）的情愫。"人何处"之问便透露出这种含义：季节之始的春天要离去了，女子的春天也将衰老，而心上人依然在远方，依然没有归来的讯息。错过了春天，也就是错过了女子的青春，青春不能为自己所爱的人绽放，却只能在寂寞中零落。正可谓"草满长途，情人不归，空揽寸肠耳"。

减字木兰花

卖花担上，买得一枝春欲放。泪染轻匀，犹带彤霞晓露痕。　　怕郎猜道、奴面不如花面好。云鬓斜簪，徒要教郎比并看。

【注释】

一枝春：一枝花。

比并：相比。

【点评】

这首词也曾因为"词意浅显"而被怀疑不是清照所作，但是将所有大胆表露春心春情的词作都划入"疑似"作品一类，恐怕不是真知清照者。清照之为人为文，既然曾被宋代王灼评价为"轻巧尖新，姿态百出，闾巷荒淫之语，肆意落笔，自古缙绅之家，能文妇女，未见如此无顾忌也"，那么她曾写过这样一些"无顾忌"的作品，也应是确然之事。只不过，就因为这样的作品而被诬为"荒淫"，则又恐为易安所笑了。王国维曾认为本色之词人应是"不失其赤子之心者"，缪钺以李清照为"纯粹之词人"，而笔者，则愿意送李清照两个字——"天真"。李清照天真性情的养成，既得益于她早年优游且浸染着书香家风的闺阁生活，婚后丈夫赵明诚的理解和共鸣又为其天真性情的发展添上了珍贵的一笔。渊博的学识与追求独立精神的个性，使得清照不同于礼教束缚下的女性的忸怩作态，而是肆意挥洒着个性中率情的一面。李清照的天真，就在于她没有被封建礼教所"污染"的纯粹，就像早春时节含苞欲放的鲜花，尽情享受着爱情的甜蜜，挥霍着被宠爱被呵护的幸福。（详参第一章《云鬟斜簪，徒要教郎比并看——美女李清照》）

摊破浣溪沙

揉破黄金万点轻，剪成碧玉叶层层。风度精神如彦辅，太鲜明。　　梅蕊重重何俗甚，丁香千结苦粗生。熏透愁人千里梦，却无情。

【注释】

摊破浣溪沙：又作山花子。

揉破黄金：比喻初绽之金色桂花。

碧玉：指桂树叶。

彦辅：晋代乐广字彦辅。这里以桂花的"风度精神"与彦辅相比，赞美桂花的清朗脱俗。《世说新语·品藻》载刘讷（或作纳，字令言）的评论："王夷甫太鲜明，乐彦辅我所敬。"《资治通鉴》记载："乐广性冲约清远，与物无竞。"时人卫玠评价乐广说："此人，人之水镜也，见之若披云雾睹青天。"（《世说新语·赏誉》）可见乐广是名重一时的人物。（王仲闻《李清照集校注》认为"谓彦辅鲜明，乃易安误忆"。）

丁香千结：紫丁香花蕊。

【点评】

这是一首咏丹桂词。词一开篇就盛赞桂花的"金""玉"之外表，如晋人乐广般的俊朗风神，又以"梅蕊重重"堆砌的"俗"和"丁香千结"的"粗"来衬托桂花的清雅。按常理推测，这该是一首桂花的"颂歌"了。词人却没有按常规落笔，词的收结以"无情"二字点明：原来现实中词人虽然已无家可归，但她希望凭借梦的翅膀，飞越千山万水，回到日夜牵念的故乡。可是馥郁的桂花香，却"无情"地熏破了词人的"千里梦"。在清照的笔下，桂花看似无情——置家国之恨于不顾，自顾自地美丽，自顾自地芬芳；可词人正是以桂花的"无情"反衬出时时萦绕在她心头的家国深情。

摊破浣溪沙

病起萧萧两鬓华，卧看残月上窗纱。豆蔻连梢煎熟水，莫分茶。　　枕上诗词闲处好，门前风景雨来佳。终日向人多蕴藉，木犀花。

【注释】

摊破浣溪沙：又作山花子。

豆蔻熟水：豆蔻是一种植物，种子、花、壳均可入药。用拣净的白豆蔻壳投入沸水瓶中，将瓶口密封，香味浓郁，是宋人常用的一种饮料。见《事林广记·豆蔻熟水》。

木犀花：即桂花。

【点评】

从起句"病起萧萧两鬓华"可知，此词当作于清照晚年：大病初愈的时候，词人发现自己头发越来越稀疏斑白了。清照晚年写的一封信《投翰林学士綦崇礼启》中曾这样描述自己的凄凉晚景："近因疾病，欲至膏肓，牛蚁不分，灰钉已具。"说她曾经病得连牛和蚂蚁都分不清，棺材也已经准备好，只等着入土了。虽然这首词并不一定是作于她"膏肓"之时，但一个流落无依的孀妇的病弱孤苦是可以想见的。词人只能倚在床头，看窗外残缺的月亮缓缓上移——夜幕降临了。在往常，也许词人会煮上一壶好茶，或读诗文，或校勘书卷，充实而快乐。但此时的清照，由于晚年病体缠绵，不得不煎豆蔻熟水以代茶饮。在这样病弱的暮年，词人却仍旧强自乐观，有"枕上诗书"镇日相伴，有雨水荡涤过的"门前风景"，更有善解人意的桂花，仿佛知道词人内心的凄恻，"终日"以清幽的香韵萦绕在词人身畔，默默的，却又是温情的。在清照晚年弥漫着浓郁愁苦的词作中，这是一首难得的"轻快"之作，更显示出词人不被生活压垮的坚强和勇气。

瑞鹧鸪·双银杏

风韵雍容未甚都，尊前甘橘可为奴。谁怜流落江湖上，玉骨冰肌未肯枯。　　谁教并蒂连枝摘，醉后明皇倚太真。居士擘开真有意，要吟风味两家新。

【注释】

银杏：又名白果。

雍容未甚都：雍容，高贵和雅的样子。都，美好娴雅的样子。《诗经·郑风·有女同车》："洵美且都。"

甘橘可为奴：三国吴人李衡"每欲治家，妻辄不听"，后私自派人在武陵龙阳汎洲上置办田宅，"种甘橘千株"。李衡临终前对儿子说："你母亲不要我管家，所以家中贫穷。好在我种了千头木奴，不会向你们索要衣食。"后来儿子将此事告知母亲，母亲说："这一定是种的甘橘了。"后来橘子就有了"李衡奴"

的别称。事见《三国志·吴志·孙休传》。苏轼有《赠王子直秀才》诗："山中奴婢橘千头。"

玉骨冰肌：以肌肤喻银杏之晶莹。

醉后明皇倚太真：用酒后唐玄宗携杨贵妃同赏木芍药事。见《开元天宝遗事》。此喻银杏双双相倚。

居士：清照自号"易安居士"。"居士"乃未出家的佛教徒之称谓。一说居士为道艺之士，亦可泛指自命清高者，非仅佛教徒之谓。

擘开真有意："意"或为"忆"的谐音。《容斋三笔》："世传东坡一绝句：莲子擘开须见薏，楸枰著尽更无棋。……'薏'，莲子之心也。"易安此词咏白果，应是借用"莲子"之意。

两家新："新"或为"心"的谐音。

【点评】

这是一首咏物词，但在中国诗歌传统中，咏物词往往绝非仅仅咏物，而总是借物抒情，这首咏银杏词也应作如是观。词一开篇便将外表平凡却格调高雅的银杏与甘橘相比：连金灿灿的甘橘在它面前也只能屈尊为奴。可紧接着笔锋又一转：如此雍容高贵的品格，偏偏流落江湖，即使她保留着冰肌玉骨的清高，又有谁能够知她惜她呢？词下片引用唐明皇与杨贵妃的爱情故事，也许词人是想暗示在这飘零流落的日子里，更该珍惜这"并蒂连枝"的双银杏，小心翼翼地将它擘开来，与爱人共品——并蒂的双银杏，其实也暗喻了夫妻间的患难真情、心心相印吧？

此词或疑非李清照所作。徐培均笺注认为清照讲究音律，《瑞鹧鸪》本应为一韵到底，此词上下片换韵，疑为少年时作，其时恐音律未精。

庆清朝慢

禁幄低张，彤栏巧护，就中独占残春。容华淡伫，绰约俱见天真。待得群花过后，一番风露晓妆新。妖娆艳态，妒风笑月，长殢东君。　　东城边，南陌上，正日烘池馆，竞走香轮。绮筵散日，谁人可继芳尘？更好明光宫殿，几枝先向日边匀。金尊倒，拼了尽烛，不管黄昏。

【注释】

禁幄：幄，帷幕。禁幄指密张的帷幕。

彤栏：红色的围栏。

淡伫：素淡的样子。

绰约：柔弱婉约的样子。《庄子·逍遥游》："肌肤若冰雪，淖约若处子。"淖约，或作绰约。

晓妆新：芍药之一种。

妒风笑月：《扬州芍药谱》谓花品有积娇红、醉西施、醉娇红，此类是也。

殢：缠绵纠缠。

东君：春神。

明光宫殿：汉朝有明光殿、明光宫。见《三辅黄图》。

日边：帝王身边。

【点评】

这是一首咏芍药词。词一开始就烘托出芍药的娇贵身份：被帷幕、护栏小心保护着的，正是"妖娆艳态"、连春天都因为留恋她的美艳而舍不得离去的芍药花。纷至沓来的游客，在东城边、南陌上、阳光烘得暖融融的亭台池馆边流连忘返，连他们乘坐的车轮似乎都染上了花朵的馨香。这样美丽的花朵，这样繁华的胜景，将来"谁人可继芳尘"呢？词人虽然有着隐隐的担忧，但是在这向阳开放的芍药花前，还是暂且忘却烦恼，今朝有酒今朝醉吧，切莫辜负了这样的良辰好景！

怨王孙

梦断漏悄，愁浓酒恼。宝枕生寒，翠屏向晓。门外谁扫残红？夜来风。　　玉箫声断人何处？春又去，忍把归期负。此情此恨，此际拟托行云，问东君。

【点评】

"门外谁扫残红？夜来风。"问得妙，答得也妙。风扫残红，春去无情，令人想起那首相似的闺情春怨诗："忽见陌头杨柳色，悔教夫婿觅封侯"（王昌龄《闺怨》）。丈夫远游，令闺中思妇感春情生春愁。"此情此恨"，只能拜托天马行空、不受现实羁绊的"行云"，去询问"东君"的消息，询问"他"的消息……

或以此首为悼亡词，因"玉箫声断"与"吹箫人去玉楼空"意近，可备一说。

怨王孙

帝里春晚，重门深院。草绿阶前，暮天雁断。楼上远信谁传？恨绵绵。　　多情自是多沾惹，难拼舍，又是寒食也。秋千巷陌人静，皎月初斜，浸梨花。

【注释】

帝里：京城。《晋书·王导传》："建康古之金陵，旧为帝里。"

沾惹：招惹。

拼舍：抛弃。

皎月初斜，浸梨花：月光如水，浸透梨花。

【点评】

"又是寒食也。"也许，不仅仅是寒食，而是春天。对于女人来说，春天的每一个日子都是蘸着雨水的忧伤。在没有尽头的雨季里，春天的每一个节日不管来历是什么，结果都是为了伤春，都是为了在守望中失落的爱情。中国两千多年有文字的漫长历史，春天几乎全部奉献给了女性：盼春、伤春、赏春、怨春的文字几乎全部都是由女子的笑靥装点而成，又全部都是由女子的眼泪浸润而成。对清照来说，这位写过"宠柳娇花寒食近，种种恼人天气"的女子，寒食节也只是斜风细雨里飘飘洒洒的相思和哀愁。渐渐远去的春天，多像渐行渐远、音讯杳然的夫君？北归的大雁已经一批批飞过，还有谁能为她传递相思的书信呢？

生查子

年年玉镜台，梅蕊宫妆困。今岁未还家，怕见江南信。

酒从别后疏，泪向愁中尽。遥想楚云深，人远天涯近。

【注释】

玉镜台：玉制镜台。《世说新语·假谲》篇载晋温峤随刘琨北伐时得一玉镜台，后以此为订婚信物。

梅蕊宫妆：传说南朝宋武帝女儿寿阳公主卧于殿檐下时，有梅花落在公主额上，成五出花瓣形状，拂之不去。三日后才洗掉。后来宫女争相效仿，成为女子常见的"梅花妆"。见《太平御览》。

江南信：陆凯折梅寄长安好友范晔诗："折梅逢驿使，寄与陇头人。江南无所有，聊赠一枝春。"

楚云：江南之云。

【点评】

在中国文学传统中，梅花之美，除了令人沉醉的幽情雅韵，还有其独特的梅花妆之典。美丽的梅花于是和美丽的女子有了息息相通之处，甚至在很多时候成了女性的代名词。"清晨帘幕卷轻霜，呵手试梅妆。都缘自有离恨，故画作远山长。"（欧阳修《诉衷情》）可是梅花的美丽需要知己的赏花人，女子的美丽同样需要知音的欣赏。梅之美丽清雅是李清照所标榜的人格写照，而梅之寂寥凄冷也同时表露了词人远离亲人、渴望温情慰抚的心境。

丑奴儿

晚来一阵风兼雨，洗尽炎光。理罢笙簧，却对菱花淡淡妆。 绛绡缕薄冰肌莹，雪腻酥香。笑语檀郎："今夜纱厨枕簟凉"。

【注释】

笙簧：吹奏乐器。此处可能是乐器的泛称。

菱花：镜子。古代铜镜背面往往都铸上菱花的图案，诗词里就常用菱花来指代镜子。

绛绡：红色的丝织品，质地轻薄，稀疏见孔。

檀郎：晋代一位名叫潘岳的美男子，小名檀奴，故有"檀郎"之称。此处应代指词人夫婿赵明诚。

【点评】

这是一幅栩栩如生的夏夜闺情图，也正因为它"明目张胆"地表现了闺情，所以才会被人认为"词意肤浅"，不像"易安手笔"。而以今天的眼光看来，这首词非但不浅薄，恰恰是一首天然本色的爱情词，真实再现了词人夫妻生活中幸福美满的一面，一位期待丈夫疼爱的、娇羞的少妇形象跃然纸上。（详评参见第三章《笑语檀郎："今夜纱厨枕簟凉"——风流李清照》）

点绛唇

蹴罢秋千，起来慵整纤纤手。露浓花瘦，薄汗轻衣透。

见有人来，袜划金钗溜。和羞走。倚门回首，却把青梅嗅。

【注释】

蹴：踏。

袜划：不穿鞋，只穿袜子走路称"划袜"。如李煜词"划袜步香阶"（《菩萨蛮》）。

【点评】

这首词写一个贵族少女荡完秋千的姿态。李清照没有写她荡秋千时如何迎风飞扬，如何笑声荡漾，只是截取了荡完秋千以后的镜头。秋千已经停了，少女慢慢地从秋千上下来"慵整纤纤手"。一个"慵"字，可以推想出她荡完秋千后那种疲倦和慵懒的神态：轻轻地揉着荡秋千荡酸了的手。"露浓花瘦"是交代时间和地点，"露浓"表明时间是在春天的早晨，"花瘦"表明地点是在少女的私家花园中。按逻辑，既然是名门闺秀，就应该有名门闺秀的风度，一举一动都得像个淑女。可是，在这首词里，这位名门闺秀的表现突然发生了戏剧性的变化，这个戏剧性变化的原因是：少女的私家花园里突然闯进来一个陌生男子。表面上，清照好像是在写少女看到陌生男人后，是如何害羞，是如何想赶紧逃跑，生怕被陌生男人偷看了去：衣裳没整理好，鞋子来不及穿，慌慌张张只穿着袜子就往屋里逃，头发蓬散，金钗也掉到地上。可实际上呢，我们再仔细一回想，发现不对：这些都只是清照设的幌子啊！她想要说的，根本就不是少女的害羞。她想说的其实就是这一句话：哪个少女不怀春！"和羞走。倚门回首，却把青梅嗅。"这个"走"字跟我们今天说的"走"并不一样，古代的"走"是"跑"的意思，说明少女因为害羞，溜得很匆忙，但又忍不住躲在门后偷看，并且还用嗅青梅的动作，来掩饰一下自己怦怦乱跳的少女春心。别看平时是一本正经，一副大家闺秀的淑女模样，那都是表面文章，少女骨子里却充满了天性中对自由、对爱情的本能渴望。这种人性的渴望，又哪里是什么三从四德的封建教条压抑得了的呢？

浪淘沙

帘外五更风，吹梦无踪。画楼重上与谁同？记得玉钗斜拨火，宝篆成空。 回首紫金峰，雨润烟浓。一江春浪醉醒中。留得罗襟前日泪，弹与征鸿。

【注释】

"记得"二句：应是词人回忆往昔夫妻生活的温馨画面。

宝篆：盘香或盘香的烟缕。秦观《海棠春》："宝篆沉烟袅。"

紫金峰：镇江有紫金峰，在长江一带。故此词当作于南渡之后。

罗襟前日泪：或指明诚逝世时的悲伤。

【点评】

读清照的词会发现：这是一个悲情的女子。清照的悲不是偶然的，虽然悲情在词中的流露总是触景而发，总是应节而动，但这种悲是内质。不是景物引发了词人的悲，而是词人的悲使景物和她一样染上了悲情色彩。词人借以努力排遣悲情的手段似乎只有酒和梦，但是在酒的沉醉里只"赢得满衣清泪"的她，无法让酒洗去满腹的伤心；她希望可以借无所羁绊的梦暂时忘却现实的悲，享受梦境的甜美，"夜来清梦好"；可是想以梦消愁梦却迟迟不至，"独抱浓愁无好梦"；即便偶遇了美好的梦境，又往往被现实的苦闷与烦扰惊破，"帘外五更风，吹梦无踪"，连"魂梦也不堪幽怨"了。酒与梦本来是现实之悲情的两种消解力量，词人可以借醉或借梦来暂时逃避现实生活的孤独与苦闷，暂时游离于美妙的、没有尘凡骚扰的虚拟空间与时间，但最终这两种力量都显示出在女子强大的、本质的悲情意识前的绝对柔弱。它们根本没有力量消解女子的忧愁，反而是女子强大的忧愁感染了它们，使它们也都带上了和女主人公一样的悲与愁。从自由的虚拟世界被拉到重重阻隔的现实世界，"一江春浪醉醒中"，它们亦因此显示出和女子一样的柔弱与对现实的无能为力，只能无奈地陪着她将积聚的辛酸苦泪"弹与征鸿"。

临江仙·梅

庭院深深深几许？云窗雾阁春迟，为谁憔悴损芳姿。夜来清梦好，应是发南枝。　　玉瘦檀轻无限恨，南楼羌管休吹。浓香吹尽有谁知。暖风迟日也，别到杏花肥。

【注释】

玉瘦檀轻：形容梅花开始萎谢。玉，喻白梅。檀，喻深黄色之檀香梅。

羌管：笛子。

迟日：《诗经·豳风·七月》："春日迟迟。"形容春天日行缓慢的样子，说明春天日长。

【点评】

如果说梅花自古便是文人墨客歌颂且引以自喻的对象，那么梅花在文学上的真正盛开则是在好标举清风雅韵的宋代。宋代是梅花开得最美最艳最清香的一个时代，林逋的《山园小梅》就是其中"占尽风情"的一"绝"："疏影横斜水清浅，暗香浮动月黄昏。"梅花迎春早发肩负着报春的使命，"君从故乡来，应知故乡事。来日绮窗前，寒梅著花未？"（王维《杂诗》）报春的梅花还是捎带乡音的信使。在清照的咏花词中，梅花无疑也是"占尽风情"，独领风骚。或许正同美丽的女词人一样，早开之梅花的风情亦有其孤芳自赏的寂寞与相思、思乡的伤怀。在清照的笔下，美丽的梅"香脸半开娇旖旎"，清高的梅"此花不与群花比"，孤独的梅"为谁憔悴损芳姿"。而清照着力渲染的还是那份美丽无人欣赏的孤独和与孤独伴生的惆怅悲凉。

徐培均笺注认为此词当作于建炎三年（1129年）春。

殢人娇·后亭梅花开有感

玉瘦香浓，檀深雪散。今年恨、探梅又晚。江楼楚馆，云闲水远。清昼永，凭栏翠帘低卷。　　坐上客来，尊前酒满。歌声共、水流云断。南枝可插，更须频剪。莫直待西楼、数声羌管。

【注释】

玉瘦、檀深：指白梅开始萎谢，檀香梅色深。

探梅：赏梅。

楚馆：楚地的客馆，此泛指客馆。

坐上客来，尊前酒满：《后汉书·孔融传》："坐上客恒满，尊中酒不空。"

【点评】

"今年恨探梅又晚"，一个"恨"字、一个"晚"字，透露出词人赏梅意兴中的一点伤春愁绪。词人有着不肯辜负春光的顽强，却仍然抵不过春光将逝的失落。尽管有"坐上客来，尊前酒满"，尽管有歌声飞扬的喧哗热闹，可是西楼传来的"吹梅笛怨"，仍然暗示着词人欢快外表下内心的彷徨。

青玉案

征鞍不见邯郸路，莫便匆匆归去。秋风萧条何以度？明窗小酌、暗灯清话，最好留连处。　　相逢各自伤迟暮，犹把新词诵奇句。盐絮家风人所许。如今憔悴、但余双泪，一似黄梅雨。

【注释】

邯郸路：今河北邯郸市。据说吕翁黄粱一梦之处就在邯郸。事载宋胡仔《苕溪渔隐丛话》。

迟暮：晚年。屈原《离骚》："惟草木之零落兮，恐美人之迟暮。"

盐絮：晋代才女谢道韫小时曾将鹅毛大雪比喻成"柳絮因风起"，受到她的叔父、宰相谢安的称赞。后人夸赞才女即称"咏絮之才"。事见《世说新语》。

【点评】

如果说女子伤春主要还是落在"惜春"上，惜春的主要原因还是惜自己的青春，这种"惜"总还是有着一丝希望的。但在悲秋词中，则春光明明白白是过去了，在凄凉的秋日，人的的确确是衰老了，青春也的的确确是不会再回来了，"纵爱惜，不知从此，留得几多时"。连"惜"都失去了意义，这种悲就是没有希望的悲，是面临绝望的悲。"犹把新词诵奇句，盐絮家风人所许"，词人垂老之年想起曾经书香门第的名家风范，想起青春年少时的才华横溢，颇有"洛阳才子他乡老"的感慨。女子生命最大的两个敌人，一是失去青春，青春总是短暂；一是失去伴侣，伴侣常常飘忽无踪。在李清照的生命中，这两个先后遭遇的敌人无疑都是她没有能力、没有办法去战胜的。于是，在清照的伤春与悲秋词中，这两个敌人都是她伤与悲的来由。如果说伤春之伤大多是淡淡的哀怨，那么悲秋之悲则总裹着浓浓的凄凉；伤春之伤多停留在女子自怜自惜的层面上，悲秋则更体验出人类普遍的、深层次的存在与生命意识。人只有在真正面临时光、面临衰老、面临消亡的时候，才会真正体会到时光与存在永恒的悲剧性。

浣溪沙

髻子伤春慵更梳。晚风庭院落梅初。淡云来往月疏疏。
玉鸭熏炉闲瑞脑，朱樱斗帐掩流苏。通犀还解辟寒无。

【注释】

玉鸭熏炉：古时熏炉多为鸭形。

朱樱斗帐：绣有樱桃花的帷帐，形如覆斗。见《集韵》。

流苏：下垂的彩色穗子。宋庞元英《文昌杂录》："流苏，五采毛杂而垂之。"

通犀：一种名贵的犀牛角，因暖气袭人，有"辟寒犀"之称。事见《开元天宝遗事》。

【点评】

在李清照的60来首词中，伤春词就有30余首，远远超过了半数。这首《浣溪沙》更是起句就点明了"伤春"的主旨。女为悦己者容，一个"慵"字却透露出词人的落寞，陪伴她的只有随风零落的梅花，缓缓流动的疏云淡月，袅袅弥漫的香烟，静静垂落的帷帐。一切的自然景物和闺房陈设的铺排，都只是为了烘托女主人公的孤单——春天已经在身边了，可是没有爱人的陪伴，形单影只的词人抵挡不了早春袭人的寒意。即使闺房内摆放着名贵的辟寒犀，可是女子内心深处的寒意，是再名贵的辟寒犀也驱遣不了的。

浣溪沙

绣面芙蓉一笑开。斜飞宝鸭衬香腮。眼波才动被人猜。

一面风情深有韵，半笺娇恨寄幽怀。月移花影约重来。

【注释】

绣面芙蓉：形容女子的面庞如芙蓉般艳丽娇羞。

斜飞宝鸭：将宝石镶嵌的鸭状头饰斜插在鬓边。前两句是对女子容貌的描写。

月移花影约重来：唐代元稹《莺莺传》中有诗句云："待月西厢下，迎风户半开。拂墙花影动，疑是玉人来。"这是莺莺托婢女红娘约会张生的诗笺。词末二句的"半笺娇恨""月移花影"应都与此典故有关。

【点评】

此词和《丑奴儿》（晚来一阵风兼雨）一样，因为渲染了儿女"私情"，而且显然是不被封建礼教所允许的、没有父母之命媒妁之言的"地下私情"，也被怀疑不是易安所作。实际上，"眼波才动被人猜"恰恰透露出一位封建道德规范束缚下的女性内心对爱情的真实渴望。这种对爱情的追求，多像"静女其姝，俟我于城隅。爱而不见，搔首踟蹰"（《诗经·静女》）中的情调，又多像"月上柳梢头，人约黄昏后"（欧阳修《生查子》）的期待与彷徨？对爱情的向往是人类最本质的共性，无论时代，无论性别。只不过在特定的社会环境下，在特定的人物笔下，由于种种现实条件的压抑，这种追求虽然大胆炽烈，却又不得不"小心翼翼"，正可谓"矜持得妙"。

浪淘沙

素约小腰身，不奈伤春。疏梅影下晚妆新。袅袅娉娉何样似？一缕轻云。　　歌巧动朱唇，字字娇嗔。桃花深径一通津。怅望瑶台清夜月，还送归轮。

【注释】

素约：苗条。曹植《洛神赋》："肩若削成，腰如约素。"李善注"约素"为"圆也"。

袅袅娉娉：轻盈美好的样子。唐杜牧《赠别》："娉娉袅袅十三余，豆蔻梢头二月初。"

桃花深径：用刘晨、阮肇天台遇仙故事。

瑶台：装饰华丽、结构精巧的楼台。《淮南子·本经训》："帝有桀纣，为璇室、瑶台。"古人也常以瑶台谓神仙居住的地方，如李白《清平调》："若非群玉山头见，会向瑶台月下逢。"

【点评】

这首词是否为易安所作，尚存疑虑。从词意来看，描写的是一位歌女。虽然宋词多写歌妓，其内容也主要是歌女的情感生活。但按常理推测，李清照的生活圈子似应与歌女无涉，以她的身份，似也不会对歌女的生活情态津津乐道。不过这首词的"香艳"程度，的确保留了《诗经》以来的伤春传统，男女"感春气并出，托采芬香之草，而为淫泆之行"（郑玄笺）。在礼义的束缚相对薄弱的时候，伤春总是保留着"淫泆"的内质，如《古诗》中的"荡子行不归，空床难独守"。而宋词在中国文学传统上，确曾有过相当长一段时间是属于诗教礼义束缚之外的"边缘文学"，因此情爱意识甚至暗示的、明示的性爱意识也比比皆是。尽管我们不能确定这首"艳情"词是否为清照所作，但有一点是可以肯定的，在她的作品中，并不讳言伤春意绪之发生乃是由于春心萌动，其大胆表露春心春情的词作亦可展现出她率性而为的天真情性。这样大胆的春心绽放，无疑要惹得卫道士们大惊失色、大加讨伐了。《草堂诗余续集》卷上曾评清照《点绛唇》（蹴罢秋千）一词"片时意态，淫夷万变。美人则然，纸上何遽能尔"。而这首"素约小腰身"之词，其"美人""淫夷万变"的姿态，比起《点绛唇》来，恐又有过之而无不及了。

鹧鸪天

枝上流莺和泪闻，新啼痕间旧啼痕。一春鱼鸟无消息，千里关山劳梦魂。　　无一语，对芳樽，安排肠断到黄昏。甫能炙得灯儿了，雨打梨花深闭门。

【注释】

甫能：宋时俗语，方才。

雨打梨花深闭门：宋李重元《忆王孙》："萋萋芳草忆王孙，柳外楼高空断魂，杜宇声声不忍闻。欲黄昏，雨打梨花深闭门。"李重元约与李清照同时。

【点评】

闺怨春情词。在中国诗歌传统中，梨花往往是寂寞的代名词，"不忍卷帘看，寂寞梨花落"（朱淑真《生查子》）；且梨花意象往往还和女子的泪花结合在一起，共同渲染出一幅伤春忧郁的景致，"玉容寂寞泪阑干，梨花一枝春带雨"（白居易《长恨歌》）。梨花雨用以形容女子的珠泪，一树的梨花幻化成女子盈眶的泪花，像梨花一样素雅洁净，又如梨花一般楚楚可怜，寂寥清冷。末句"雨打梨花深闭门"正和起句的"枝上流莺和泪闻"相呼应，共同渲染出女子守望远游的爱人、深处闺中的无穷落寞与幽怨。

此词或疑为非清照所作。

青玉案

一年春事都来几？早过了、三之二。绿暗红嫣浑可事。绿杨庭院，暖风帘幕，有个人憔悴。　　买花载酒长安市，争似家山见桃李。不枉东风吹客泪。相思难表，梦魂无据，惟有归来是。

【注释】

都来：总来、算来。唐罗隐《送顾云下第》："百岁都来多几日。"

绿暗：唐韩琮《暮春浐水送别》："绿暗红稀出凤城。"

红嫣：嫣，美好的样子。李商隐《河阳》："侧近嫣红伴柔绿。"

个人：那人。此为清照自指。

家山：家乡。

【点评】

清照的伤春词常常以渲染春天的热闹繁华来反衬自身的寂寞愁绪，蕴含怀人情思。这首词以"绿暗红嫣"的美好春景，衬托"有个人憔悴"的闺情，亦是"以乐景写哀"而倍增其哀感的笔法。

补录：

木兰花令

　　沉水香消人悄悄，楼上朝来寒料峭。春生南浦水微波，雪满东山风未扫。　　金尊莫诉连壶倒，卷起重帘留晚照。为君欲去更凭栏，人意不如山色好。

【注释】

　　沉水：沉香。

　　春生南浦：屈原《九歌·河伯》："子交手兮东行，送美人兮南浦。"江淹《别赋》："春草碧色，春水渌波，送君南浦，伤如之何！"

　　金尊莫诉：劝酒之辞。莫诉：不要推辞饮酒。

　　留晚照：留住夕阳。

【点评】

　　此词录自明钞本《天机余锦》卷二，该书今藏于台北国家图书馆。徐培均笺注认为此词当作于清照屏居青州期间，时赵明诚过长清县灵岩寺，与清照小别，故此为伤春恨别词也。

浣溪沙

　　楼上晴天碧四垂，楼前芳草接天涯。劝君莫上最高梯。新笋看成堂下竹，落花都上燕巢泥。忍听林表杜鹃啼。

【注释】

　　此词一说为周邦彦作。徐培均笺注认为此词风格近似清照词风，故存疑。

品令

零落残红，恰浑似、胭脂色。一年春事，柳飞轻絮，笋添新竹。寂寞幽闺，坐对小园嫩绿。　　登临未定，怅游子、归期促。他年魂梦，千里犹到，城阴溪曲。应有凌波，时为故人留目。

【注释】

此词一说为曾纡作。

新荷叶

薄露初零，长宵共、永昼分停。绕水楼台，高耸万丈蓬瀛。芝兰为寿，相辉映、簪笏盈庭。花柔玉净，捧觞别有娉婷。　　鹤瘦松青，精神与、秋月争明。德行文章，素驰日下声名。东山高蹈，虽卿相、不足为荣。安石须起，要苏天下苍生。

【注释】

孔繁礼从《诗渊》中录出，收入《全宋词补辑》，盖为祝寿词。

附录：
李清照生平大事简表

宋神宗元丰七年（1084），一岁

清照生。

元丰八年（1085），二岁

父李格非官郓州教授。

三月，神宗崩。太子赵煦即位，是为哲宗。

宋哲宗元祐元年（1086），三岁

父李格非入补太学录。

元祐二年（1087），四岁

李格非官太学。

八月，苏轼由翰林学士兼侍读学士。李格非屡访苏轼，以新诗投赠，苏轼作书答之。

元祐四年（1089），六岁

李格非官太学正，得屋于经衢之西，名其室曰"有竹"。

元祐六年（1091），八岁

李格非官太学博士，后转校对秘书省黄本书籍，并续娶王拱辰孙女。

绍圣四年（1097），十四岁

李格非为礼部员外郎。

元符元年（1098），十五岁

清照有《春残》诗。

元符三年（1100），十七岁

正月，哲宗崩，弟赵佶嗣位，是为徽宗。

清照有《浯溪中兴颂诗和张文潜》诗。

宋徽宗建中靖国元年（1101），十八岁

清照嫁太学生赵明诚。

七月二十八日，苏轼卒于常州，年六十六。

崇宁元年（1102），十九岁

七月，李格非罢京东提刑，籍记元祐党人十七人，李格非名在第六。

清照上诗赵挺之救父。

李格非贬象郡。

崇宁四年（1105），二十二岁

清照再次上诗救父。

大观元年（1107），二十四岁

赵挺之卒。

秋，李清照与赵明诚屏居山东青州。

政和四年（1114），三十一岁

明诚为易安题照。

政和七年（1117），三十四岁

明诚编《金石录》始成并自序。

宣和三年（1121），三十八岁

明诚起知莱州。秋，清照赴莱州，有《感怀》诗。

宣和六年（1124），四十一岁

明诚移知淄州，清照随任。

宣和七年（1125），四十二岁

十二月，皇太子赵桓即位，是为钦宗，尊徽宗为教主道君太上皇帝。

十二月二日，明诚以职事修举，除直秘阁。

宋钦宗靖康元年（1126），四十三岁

闰十一月，金人攻汴京，城陷落。

钦宗靖康二年、高宗建炎元年（1127），四十四岁

三月，金人俘虏徽宗赵佶北去。明诚奔母丧至江宁。

四月，金人俘虏钦宗及皇后、皇太子北去。

五月，康王赵构即位于南京（今河南商丘），是为高宗，改元建炎。

十二月，青州兵变，清照离青州南渡，载书十五车。

宋高宗建炎二年（1128），四十五岁

春，清照抵江宁。

九月，明诚起知建康府。

建炎三年（1129），四十六岁

春三月，明诚罢守江宁，具舟西上。

夏，舟经乌江县，清照赋诗《夏日绝句》吊项羽。

五月，至池阳，明诚被旨知湖州。

六月十三日，明诚独赴行在（建康），与清照告别。

八月十八日，明诚卒于建康，年四十九。清照为文以祭。葬毕，清照大病。

清照往依其弟李远。

建炎四年（1130），四十七岁

春，清照追随高宗辗转浙东。

绍兴二年（1132），四十九岁

春，清照赴临安。

九月，清照诉讼后夫张汝舟妄增举数入官，张汝舟因除名，柳州编管。

绍兴四年，（1134），五十一岁

清照作《金石录后序》。

冬，清照避兵金华。在金华成《打马图经》，并为之作序，又作《打马赋》及《打马图经命辞》。

绍兴二十六年（1156），七十三岁

清照约卒于本年。

本年表主要依据徐培均笺注《李清照集笺注》附录之年谱。

此情无计可消除

——谨以一篇旧文代后记

日子浑浑噩噩地过着，昨天忙完本科生答辩，心想：黑色五月已经结束了。

检点一个学期的课程，唐宋词研究也走到了尾声。坐在电脑前，准备最后几堂课的内容，想着：接下去讲什么？

这门课，以前是 32 学时，我只来得及讲完北宋，后来按要求修改了教学计划，改成 48 学时。但，还是只来得及讲完北宋。我，是太认真还是太不认真了？

北宋也走到了尾声，我停在李清照面前，犹豫了又犹豫。

讲还是不讲？如果讲，又该怎么讲？

心里还在犹豫，可是手指已经情不自禁地在键盘上敲动。潜意识在牵引着我，又一次叩响沉睡了很久的心，不安、悸动，却又渴望。

一篇《金石录后序》，读过无数遍，一路读，仿佛随着李清照从"和羞走，倚门回首，却把青梅嗅"的豆蔻年华，一路走到了"物是人非事事休，欲语泪先流"的凄凉晚景。当屏幕上敲出"绍兴二年玄黓岁壮月朔甲寅，易安室题"的时候，屏幕前的我，泪流满面。

这样的时刻，来得毫无防备。

写过十几万字关于李清照的文字，自以为对她已经太熟悉了，可是直到这个晚上，我才发现，其实我从来都没真正读懂过她。

讲义的大标题，停在"易安词的艺术价值"上，并且一直停着。忽然觉得，一切评价对她来说都已经多余，有些人、有些文字，是必须用心灵去体会的。如果没有用心，再多文字的揄扬也温暖不了她的灵魂。

在脆弱和无助的灵魂面前，我的心的力量竟然如此渺小。

2007 年 6 月 5 日凌晨 1 点 45 分

三版补记

　　距离这部书稿的第一版出版已经过去十年多了。十年来，在我的身边，围绕着李清照，或与李清照无关的故事又发生了许多许多。

　　十年的光阴，改变的不仅仅是年岁。

　　十年后的我，比以往更明白，我为什么依然能如此从容而坚定地走在古典文学的研究道路上。我想要感激的人，我内心铭记的故事，已经不是三言两语能够表达清楚的。

　　在此书三版之际，我特别想提到一个人——耿潇。耿潇是中南大学物理系毕业的学生，但读书期间，他经常来中文系"蹭课"，我的"唐宋词研究"课堂里几乎次次都能看到他的身影。毕业后，耿潇在常德某单位就职，成为一名机械工程师。但生活的机械和世俗没有改变他对古典诗词的热爱与钻研，他仍然保持着对古代文学的关注。在我看来，耿潇的古典诗词造诣绝不止于业余爱好，而是颇具专业素养。几年来，除了本职工作之外，他还在对《诗经》进行诂释，期间详读了汉代以来十余种注解《诗经》的经典本子，其于材料观点的取舍论证均颇具慧眼。我的李清照一书出版后（书稿原名为《莫道不销魂——杨雨解秘李清照》，后由清华大学出版社再版，更名为《多少事欲说还休——杨雨评说李清照》），耿潇于他所在的城市购得一本，并且仔细读完，还用红笔做了不少旁批，其中包括对我的观点提出一些不同意见，或引证不同版本指正书中的个别错漏。他趁出差来长沙时为我带来这本倾注着他的阅读心得的书，当时，我内心的感动无以言表。十年后，此书即将三版之际，我对原稿进行了详细修订，其中颇采纳了耿潇的一些意见。十年了，昔日的学生如今已为人父，在此我想对他遥致谢意，并为他的未来衷心祝福。

感谢十年来始终支持着我的亲人和师友，这是我一如既往坚定前行的力量。

杨　雨

补记于 2018 年 3 月 16 日

图书在版编目（CIP）数据

李清照传 / 杨雨著. -- 武汉：长江文艺出版社，
2020.8
　（中华文人经典传记）
　ISBN 978-7-5702-1192-0

　Ⅰ. ①李… Ⅱ. ①杨… Ⅲ. ①李清照（1084-约
1151）－传记 Ⅳ. ①K825.6

中国版本图书馆 CIP 数据核字(2020)第 065413 号

责任编辑：沈瑞欣　　　　　　　　　责任校对：毛　娟
封面设计：格林图书　　　　　　　　责任印制：邱　莉　　胡丽平

出版：长江出版传媒　长江文艺出版社
地址：武汉市雄楚大街 268 号　　　　邮编：430070
发行：长江文艺出版社
http://www.cjlap.com
印刷：武汉中科兴业印务有限公司

开本：640 毫米×970 毫米　　1/16　印张：16　　插页：7 页
版次：2020 年 8 月第 1 版　　　2020 年 8 月第 1 次印刷
字数：168 千字

定价：32.00 元